業務の「ヒ

公務員の
法的トラブル
予防&対応 BOOK

米津 孝成 著

学陽書房

はじめに

　私たち公務員の仕事は、住民の暮らしにとても近いところにあります。このことは、この仕事にやりがいや達成感をもたらす魅力があることを意味しますが、その反面で住民の暮らしに近いからこそ、ちょっとした行き違い、不満、ミス、気の緩みが法的トラブルに発展してしまう怖さがあることも意味しています。

　公務員の地位と身分は、法令によって、民間の一般的な職種よりも強く守られています。上司や先輩が教えてくれる当たり前の「やるべきこと」と「やってはいけないこと」さえ守っていれば、ほとんどの法的トラブルを予防することや解決することは、決して難しくありません。

　それでは、ここでちょっと思い出してみましょう。職員として「やるべきこと」と「やってはいけないこと」について、あなたは覚えていますか？　理解できていますか？　守れていますか？　行動に移せていますか？

　法的トラブルは、ちょっとした気の緩みや見落としを狙って襲いかかってきます。当たり前のことこそ、おろそかにしてはいけません。

　本書では、自治体や職員個人が巻き込まれがちな法的トラブルを種類ごとに整理し、その基本的な構造と原因、対処法を抽出しました。

読んでみると「当たり前じゃないか」と思うようなことが少なくないかもしれません。しかし、当たり前のことで法的トラブルを防げるのであれば、それに越したことはありません。

　これから数十年間、安心して充実した公務員人生を送るために、今のうちに、あなたを守ってくれる当たり前の「やるべきこと」と「やってはいけないこと」を一緒に確認し、頭に叩き込んでおきましょう。
　あなたが安心して充実した仕事ができるということは、あなたが働く自治体の充実、ひいては住民の福祉の向上、さらには地域の発展へとつながっていくはずです。

2021年12月　米津孝成

CONTENTS

2章
「訴えるぞ！」にヒヤリ！
住民対応の法的トラブル

Column **2** クレームのダメージから自分を守るために

3章
「漏えいでは？」にヒヤリ！
情報管理の法的トラブル

Column **3** ｜ 大量の開示請求にどう対応するか

4章 ｜ 「懲戒されるよ」にヒヤリ！
職員不祥事の法的トラブル

Column **4** 副業が問題となった事案リスト

5章 「○○ハラでは?」にヒヤリ!
ハラスメントの法的トラブル

Column **5** ハラスメントと冤罪事例

6章 | 「弁償しろ！」にヒヤリ！ 自動車事故の法的トラブル

Column **6** | 「あかほん」は入試問題集にあらず

7章 | 「審査請求します」にヒヤリ！ 審査請求のしくみと方法

Column **7** ｜ 書面力を身につけよう

8章 ｜ 「裁判で争いたい」にヒヤリ！
行政訴訟のしくみと方法

Column **8** │ 裁判所に行ってみよう

9章 │ 「ヒヤリ!」に慌てる前に
法的トラブル克服の4原則

Column **9** │ 自主的研究会で仲間作り

<凡例>

情報公開法＝行政機関の保有する情報の公開に関する法律

男女雇用機会均等法＝雇用の分野における男女の均等な機会及び待
　遇の確保等に関する法律

育児・介護休業法＝育児休業、介護休業等育児又は家族介護を行う
　労働者の福祉に関する法律

DV防止法＝配偶者からの暴力の防止及び被害者の保護等に関する
　法律

自動車運転死傷行為処罰法＝自動車の運転により人を死傷させる行
　為等の処罰に関する法律

個人情報保護法＝個人情報の保護に関する法律

1章

⚡ ふとした瞬間にヒヤリ！ ⚡
公務員がおちいる
法的トラブルとは？

　全国の自治体は、少子高齢社会における税収の減少や職員数の削減、地方分権改革の進展による事務量の増大といった影響から、職員の負担増、住民サービスの低下、住民からの苦情・不服の増加など、法的トラブルへのリスクに直面しています。

　私たちは、法的トラブルを克服するため、その原因と対処法を学び、これからの自治体運営に備えていかなければいけません。

　その第一歩として、まずは法的トラブルとは何かというところから見ていきましょう。

1-1 知っておきたい自治体の法的トラブル

❗ 自治体の法的トラブルとは

「自治体の法的トラブル」といったら、あなたはどんなものを思い浮かべますか？ 交通事故、情報漏えい、ハラスメント、住民からの苦情、さらに詳しい方であれば、審査請求、住民監査請求、住民訴訟、懲戒処分などが挙がるかもしれません。

しかし、例えば審査請求や住民監査請求は、国民に認められた権利であって、それ自体なんら「悪いもの」ではありません。「悪いもの」の正体は、その背後にある職員の違法な処分、不注意によるミス、不適切な住民対応、または住民からの不当な要求といった違法、不当、不適切な行為にあるのです。

本書では、こうした出来事のうち**法に基づいて処理される紛争とその背景にある違法、不当、不適切な行為**を総称して「法的トラブル」と呼び、取り上げていくこととします。

❗ 法的トラブルがもたらすもの

法的トラブルは、自治体に次のようなダメージを与えます。

①賠償責任などの金銭的負担となる「経済的損害」
②行政への信用・信頼を失わせる「信用的損害」

いずれも、自治体の施策を阻害し、行政活動を停滞させるなど、自治体運営の基盤を揺るがしかねない恐ろしいダメージです。

さらに、**私たち職員も経済的損害や信用的損害を被る**ことがあります。不祥事を理由とする懲戒処分（**4-1**参照）によって、給料が減る（減給）、出勤停止で無給になる（停職）、最悪の場合には仕事を失う（免職）かもしれません。不祥事が周囲に知られ、職場や地域に居づらくなってしまうかもしれません。また、公務中の事故で自治体が肩代わりした賠償額の一部の支払いを求められること（求償）もあります。

トラブルの原因・種類	住民との関係	事業者との関係	組織内部
事　故	公務中の自動車事故	指定管理者※の管理する施設での事故	通勤中のけが（公務災害）
事　務	誤った手続の案内	委託契約書の誤り	資料の誤廃棄
インターネット	個人情報の漏えい	企業情報の漏えい	インターネットの私的利用
ハラスメント	住民からの悪質なクレーム	委託業者への「パワハラ」	職員間の「セクハラ」

※　自治体の指定によって公の施設の管理を行う団体

　ダメージの連鎖は、まだ終わりません。自治体が受けたダメージは、巡り巡って地域の住民へと行き着きます。

　経済的損害と信用的損害が地域の魅力を低下させると、人口減、税収減、有能な職員の不足、ついには住民の福祉を向上させるために有効な施策を打ち出せないといった悪循環を生んで住民の不利益へとつながっていきます。

　このように、**自治体の法的トラブルのダメージは、最終的には地域全体で負担する**ことになるのです。

火種が大炎上に!? 1-2 法的トラブルの ダメージのしくみ

❗ 法的トラブルの発生とダメージ

　前項で触れたとおり、法的トラブルは地域に大きなダメージを与えます。では具体的に、法的トラブルはどのようにして発生し、地域全体のダメージへとつながっていくのでしょうか。

　ここでは、公務中の自動車事故と職場でのハラスメントを例に、ダメージが拡大していくイメージを見てみましょう。あたかも、ミスや不注意が降り積もって、大きな雪崩が起きるかのようです。

《 1. 自動車事故の処理とダメージ増大の流れ 》

> 寝不足による注意力の低下

> 信号の見落としによる追突事故の発生

> 不適切な現場対応

> 示談交渉の難航

> 多額の賠償金の負担

> 報道によるイメージ低下

《2.》ハラスメント事件の処理とダメージ増大の流れ

性差等への認識不足
不用意・不適切な発言による ハラスメントの発生
初期の対応の遅れ
被害者の被害の深刻化
加害職員の処分
職場環境の低下

　事態が矢印の方向に進んでいくに従って、リスクの回避や事件の解決が難しくなり、そこから生じるダメージが増大し、それに伴ってダメージからの回復も難しくなっていきます。

❗ 法的トラブルを克服するには

　このように、法的トラブルは、日々の業務のちょっとした「準備不足」「理解不足」「用心不足」から発生し、「対応の遅れ」「不適切な対応」によって回避が困難になるとともに解決が難しくなり、ダメージを拡大させていってしまいます。

　私たちは、こうした火種を見逃さず、迅速かつ適切に対応することによって事件・事故を未然に防ぎ、仮に事件・事故が起こってしまったとしても、ダメージが拡大する前に、最小限のレベルに食い止めて解決していかなければいけません。

1-3 法的トラブル発見の「基本」

！ 法的トラブルの火種を防ぐには

　「法的トラブルが怖いことは分かったけど、じゃあ、どうすればいいの？」という不安を解消するために、まず法的トラブルの火種の見つけ方から身につけていきましょう。

　法的トラブルを防止するには、その原因が小さな火種であるうちに消し止めてしまうのが最善の方法です。こうした火種は私たちの日々の業務の中に隠れているので、**業務の基本的な知識、心構え、手順をしっかり押さえておくこと**が不可欠です。

！ 押さえておきたい「業務の基本」

①担当する事務の根拠を確認

　私たち職員にとって、法令の根拠に基づいて業務を行うことは基本中の基本です。日ごろから自分が担当する業務の根拠を確認する習慣を身につけておきましょう。

②「やるべきこと」は必ずやる

　処理を急ぐあまり、住民対応が疎かになったり、定められた手順や手続を端折ったりしていませんか？　みすみす自らトラブルへの落とし穴を掘ることになってしまいます。

③「やってはいけないこと」は絶対にやらない

　審査請求や訴訟で不利になるだけでなく、懲戒処分の原因にもなりかねません。不祥事やハラスメントなど、もっての外です。

❗ 押さえておきたい「気づきのポイント」

①問題の根本的な解決が困難な場合

　自治体には「できること」と「できないこと」があり、住民の不満やトラブルは、その境界線上で発生しがちです。そうした境界線上の相談や問い合わせがあったときには、より慎重かつ丁寧な対応を心掛けなければいけません。

②運用が不安定になりがちな施策の始まりと終わり

　施策の始まりには、想定しなかった問題点や慣れない作業のミスが出やすく、施策の終わりには、事業のひずみや恩恵を受けることができなかった住民の不満が噴き出しがちです。

③長年にわたり繰り返している事務の見直し

　職員による住民からの申請書の代筆といった「長年誤った処理を続けていた」パターンや、契約更新の際に見直すべき条項を見落とすなどの「見直しのタイミングを逃してしまった」パターンは、法的トラブルの火種になりがちです。

1-4 情報の素早い共有をしよう

❗ 焦らず素早く的確に

　法的トラブルの火種を消し止めることができず、炎上し始めてしまっても、あきらめてはいけません。事件・事故の第一報がもたらされたときの初期対応として、何をするか（できるか）は、その後の処理に大きな影響を及ぼします。ここで失敗しなければ、大炎上を回避し、ボヤで済ませることができるかもしれません。

　初期対応に求められるのは、**対応の速さ**です。具体的にどんな対応が必要かは場面により異なりますが、共通して言えることは、**事件・事故の情報を組織で素早く共有する**ことです。

❗ 情報の速さと質

　マスコミ対応が必要となるような大きな事故では、自治体の情報発信の遅れ、それ自体が社会的な非難の的になってしまいます。このような場面では、いかに素早く的確に、自治体の長や幹部に第一報をもたらすかが重要です。

　とはいえ事故の内容によっては、すぐに十分な情報を集められるとは限りません。情報の「速さ」と「的確さ」のバランスの基本は、いわゆる「5 W 1 H」、When（いつ）、Where（どこで）、Who（誰が・誰に）、What（何を）、Why（なぜ）、How（どのように）にあります。例えば、学校で事故が起こったという場合、「今日の９時頃（When）、〇〇小学校の校庭で（Where）、児童が（Who）、遊具を（What）、誤っ

た使い方をして（Why）、転落して手の骨を折るけがをした（How）」という具合に要素を埋めていくと、情報が整理できます。

　その上で、その事故について**誰がどんな対応をしているか**を加えることができれば、第一報としては合格です。

　情報の集め方、つまり、事件や事故に関する事実をいかに洗い出すかについては、次項で説明します。

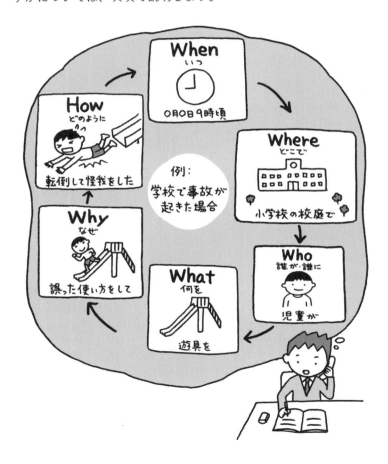

1-5 事実の洗い出しのポイント

❗ スタートダッシュで勝負が決まる？

　初期対応が一段落したら、いよいよ法的トラブルの解決に向けてスタートダッシュです。ここでは、**事実の洗い出し**が重要なポイントとなってきます。

　自治体で発生する事件・事故の多くは「**事実はどうだったのか**」で勝負が決まります。例えば、交通事故の相手方との示談交渉であれば「信号は青だったのか」、給付金の不支給決定に対する審査請求であれば「請求人は支給要件を満たしていたのか」といった事実が争点となります。そこに関する事実を正確に洗い出し、的確に主張できるかが勝敗を分けるのです。

❗ 後出しジャンケンは疑われる

　事件・事故に関する事実は、事件・事故の発生直後が最も新鮮です。記憶が薄れ、現場の状況が変化し、証拠が散ってしまう前に、しっかりと洗い出して整理し、主張していく必要があります。

　実際には、後になって新たな事実が発見されることもありますが、後出しジャンケンのような主張は事件の解決を遅らせるだけでなく、相手方や審査庁、裁判官に、「なぜ今まで主張しなかったのか」「まだ調べ残しがあるのではないか」といった不信感を抱かせる可能性もあります。こうした事態はできるだけ避けたいところです。

❗ 事実の洗い出しとは

　事件の解決に必要な事実の範囲は、当然ながら事件ごとに異なりますが、事件の担当者としては、事実の洗い出しとは**事件に関する「全て」の事実**に係ると心得てください。なぜなら、後々「洗い出しが足りなかったから、事件を解決できなかった」となるよりも、「ここまでの洗い出しは必要なかったが、事件の解決のために必要な情報は全て網羅できていた」という方がはるかに良いからです。

　洗い出した事実は、相手方の目線も加味した上で（「職員からこう言われた」など）、時系列に沿って整理すると漏れが少なくなります。

- **事件・事故等の発生した現場の状況**
  - →できるだけ具体的に、細部も漏らさないように
- **自治体と相手方との接点**
  - →税の滞納、補助金の請求、生活の相談、建築確認申請など
- **相手方に関する基本的な情報**
  - →税の滞納の有無、他の部署との接点・クレームの有無など
- **交渉の経過**
  - →納税相談、宅地開発の相談、生活保護費の苦情、自治体ウェブサイトへの意見の投稿など
- **相手方の主な主張、職員の主な対応**
  - →職員のミスリードや不適切な発言はなかったか
- **相手方に適用される法令と、その法令を適用した場合の効果**
  - →法律、政令、省令、条例、規則を正確に調べ上げること

それぞれの得意技で補い合う！

1-6 法的トラブル解決のためのチームプレー

❗「専門家 = 万能」ではない

　事案の内容や難易度によっては、その解決のために専門知識を持つ助っ人の応援が必要となります。特に、訴訟のように進め方に専門知識が必要な場合や法令解釈が争点となる事件の場合、法務部門や顧問弁護士からの助言や、彼らとの協働が不可欠です。

　しかし、もしあなたが「法務の職員は専門知識が豊富、弁護士は法令のことはなんでも知っている、だから任せておけば安心」と思っているとしたら、それは早とちりかもしれません。法務部門の職員や弁護士であっても、あらゆる分野・法令に精通しているわけではありません。**まずは行政のプロであるあなたから、事件・事故に関する情報と関係する法令・条例等の規定を過不足なく伝えることから始める必要がある**のです。

❗ 自治体法務はチームプレー

　事件・事故に関係する情報と法令・条例等の規定を整理する作業には、根気とち密さが求められます。かといって特別な技術や手法が必要なわけではありません。本書で説明したことを踏まえて整理して、コツコツと積み上げていきましょう。

　例えば、次のポイントと事案の概要をＡ４サイズ１枚程度にまとめた資料があると、説明が切り出しやすくなります。

①事件・事故に関係する自治体の事務の根拠（1-3 参照）

②事件・事故の発生状況に関する「5 W 1 H」（1-4 参照）

③事件・事故に関して洗い出した事実関係（1-5 参照）

　まとまりのない資料を山ほど差し出して「全部読めば分かります」とでもいうような相談の切り出し方は、してはいけません。

　もう一つ、相談の仕方で気をつけたいのは、相談相手が誰であっても、**解決を丸投げしてはいけない**ということです。所管課の意向も示さないまま「どうすれば良い？」「何か問題はある？」というように相談を丸投げするのは、あらゆる点をチェックし、あらゆるリスクを洗い出すようにと相手に求めているのと同じことです。

　自治体の法的トラブルは、専門部署や専門家が一手に引き受けて解決するのではなく、関係部署の職員と専門家が知識と知恵を持ち寄り、アイデアのキャッチボールをしながらチームプレーによって解決するのが望ましい形です。相談をする前に、まずは所管課として**「この事案はどんな背景で発生し、どんな問題があって、どう解決したいのか」**を用意しておくことが大事です。

自治体同士で法的トラブル？

　あなたが自治体の法的トラブルの構図として真っ先に思い浮かべるのは、「自治体vs.住民」というものでしょう。

　しかし実際の法的トラブルには、「自治体vs.住民」だけでなく、「国vs.自治体」や「自治体vs.自治体」というものもあります。首長同士がマスコミを介して非難しあうというようなものではなく、地方自治法に基づく調停や審査の対象となる、歴とした法的紛争です。

　最近の例としては、沖縄県の米軍普天間基地の移設に関する一連の事件があります。沖縄県知事が一旦は承認した基地建設のための公有水面の埋立てについて、新知事が承認を取り消し、これを不服とした国（沖縄防衛局）が県を相手に審査請求を提起した事件では、沖縄県の敗訴が確定しています（最高裁平成28年12月20日判決）。しかし、紛争は、現在も訴訟や審査請求によって継続しています。

　自治体同士の紛争の例としては、最近、ふるさと納税に関して滋賀県が県内全市町村に対し近江牛を返礼品と認める決定をしたことに、近江牛の主要産地である近江八幡市がこれを不服として国（自治紛争処理委員）に審査の申立てを行った事件があります。

　このほか、都道府県同士や市町村同士で、区域や境界が紛争となることがあります。税収などに影響が出ることから、自治体にとって境界がどこであるかは重大な関心事です。

　これらの紛争の判決文などを見てみると、江戸時代までさかのぼって経緯を紐解き判断しているものもあって、境界確定の難しさがうかがわれます。

2章

⚡『訴えるぞ！』にヒヤリ！⚡

住民対応の
法的トラブル

ここからは、法的トラブルの事案の種類ごとに見ていきます。あなたが困っていることや不安に思っていることについて、「つまみ読み」していってください。

　まず2章では、住民対応の法的トラブルについて紹介します。住民と自治体とは、地域を支えるかけがえのないパートナーですが、ちょっとしたボタンのかけ違いからトラブルが発生することがあります。ボタンのかけ違いはどうすれば防ぐことができるのでしょうか。

2-1 住民対応の法的トラブルを防ぐ4つの心得

❗ 住民対応での炎上防止の基本

　自治体の窓口には様々な人がやって来ます。手続のためだけに来た人、事情を抱え必死の思いで相談に来た人、職員に不満をぶつけたい人、職員を脅してでも要求を通そうとする人……。

　こうした来庁者への対応の全てに通用する「技」があるとしたら、それは特殊な話術や心得などではなく、本章で紹介するような基本に忠実に、真摯な態度で対応すること。そして、自分を守るためにがんばりすぎないことです。

🔸 1. 業務の基本を押さえる 🔸

　自分が担当する業務の基本的な知識が不足していては、まともな住民対応はできません。逆に、基本的な知識がしっかり身についていれば、余裕をもって対応することができますし、相手もあなたに信頼感をもって相談をすることができます。

🔸 2. しっかり聞く 🔸

　まずは相手に言いたいことを出し切ってもらうため、さえぎることなく、耳と心を傾けてしっかり聞きましょう。このような姿勢を**傾聴**と言います。また、その際に**あいづち**と**共感のアピール**を上手に使うと傾聴の効果がさらにあがります。適度なあいづちは、相手に「この人はちゃんと話を聞いてくれる」という安心感を与えます。困りごとの話には眉をひそめ、悲しい話には同情するといった「共感のアピール」は、互いに話しやすい雰囲気を作ります。

【3.「できること」と「できないこと」の線引きを明確に】

　傾聴し、共感し、制度を駆使したとしても、自治体が「できること」と「できないこと」の境界線を超えることはできません。ここは明確に伝えなければいけません。「検討してみます」というようなあいまいな言動で期待をもたせてしまうと、後から「最初からはっきり言ってくれればよかったのに」という苦情を招くなど、結果として逆効果になってしまいます。

【4.不用意な言動は、すぐに訂正と謝罪】

　不用意な言動で相手を怒らせてしまったときや誤解を与えてしまったときは、即座に訂正し、謝罪する必要があります。ただし、謝罪の際には、**何について謝罪をしているのかを明確にしてください**。不明確な謝罪の仕方では、「要望を受け入れた」と受け取られかねないからです。

> ・「分かったようなことを申し上げて、大変失礼しました」
> ・「お気持ちを害する言い方をしてしまい、申し訳ございません」
> ・「説明が不足し、誤解させてしまったことをお詫びいたします」

2-2 苦情対応の7箇条

❗ その苦情は「お叱り」か「悪質なクレーム」か

　自治体には、多くの苦情も寄せられます。「説明が足りない」「職員の態度が悪い」といった苦情は、地域の行政を担う私たちへの住民からの「お叱り」なので、真摯に向き合わなければいけません。

　一方で、真摯に向き合うべき「お叱り」とは言えないような理不尽な要求や言いがかりが寄せられることも少なくありません。

> ・具体的な要望を言わず、抽象的な理由で職員を罵る。
> ・市長室を見せてほしいといった度を超えた要求をする。
> ・同じ内容を繰り返し要求し続ける。
> ・勤務時間外ばかり狙って連絡したり、来庁したりする。

　これらは、「悪質なクレーム」に当たる可能性があるので、次のポイントを押さえて慎重に対応する必要があります。

1. 相手の素性と要件を確認する

　用件の内容にもよりますが、相手が氏名などの素性を明確にしない場合は、それ以上の対応を打ち切ることも可能です。

2.「できること」と「できないこと」を明確にする

　「私たちに力押しは通用しない」ことを示すことになります。

3. 場所、人数、時間で優位に立つ

　庁舎内の人目につく場所で対応することが原則です。相手の事務所など、相手の勢力下に出向くことは避けましょう。

また、対応時は、相手方の人数を上回る人員を配置します。また、一人で対応している際に相手が「悪質クレーマー化」したときに**周囲にそのことを知らせる秘密のサインを決めておく**と、いざというときに応援を求めることができます（**2-3** 参照）。

面談が長引きそうな場合は、最初に相手方に、面談の終了時刻を宣言しておき、その時間になったら退庁を求める方法もあります。

❗ 言ったらピンチ？ のNGワード

相手が何らかの言質・揚げ足取りを狙っているケースもあるので、一つ一つの発言にも注意が必要です。

🔊 1.「結構です」🔊

「Yes」のニュアンスに取られかねないので、**「No」なら「No」の意図が伝わるよう、「できません」「要りません」という趣旨を明確に伝える**必要があります。

🔊 2.「申し訳ございません」「お詫びいたします」🔊

自治体側の非を認めたと受け取られないよう、**何について謝罪しているのか**を明確にすることが大事です。

🔊 3.「検討します」「善処します」🔊

その場をしのぐためについ使ってしまいがちですが、**「提案を受け入れた」と受け取られるおそれ**もあります。やむなく使う場合は、何を検討し、何を善処するのかを明確にしましょう。

🔊 4. 政治、宗教、差別に関すること 🔊

あたかも自治体が特定の団体や思想を擁護・批判しているかのようにすり替えられてしまうおそれがあります。評価や感想を求められても述べる必要はありません。**「個人的意見は差し控えます」**と言って、冷静に本題に戻しましょう。

そのクレームに気をつけて！

2-3 「不当要求行為」かも

❗ 不当要求行為とは

　窓口には、相談やクレームを装いつつ、不当な要求を押し通そうとする人もやってきます。職員に対し、不当な手段を用いて要求する行為、あるいは法令等に違反する行為を要求する行為を**不当要求行為**と言います。具体的には次のような行為が挙げられます。

- ・大声で威圧して、許認可を通させようとする。
- ・特定の事業者に便宜を図ることを強要する。
- ・職員の態度に難癖をつけて、謝罪として金品を要求する。
- ・長時間に渡り居座って、職員を拘束して要求を繰り返す。

　不当要求行為とクレームとの間に明確な区別はありません。威圧的な言動を用いて要求を通そうという行為であれば、不当要求行為に当たります。

　不当要求行為への対処の基本は**組織的に対応して、組織と職員を守ること**です。相手は暴力団、右翼団体、同和団体などの構成員を名乗る「その道のプロ」であることが多く、そうなると職員が単独で対応しても敵いません。ましてや、経験年数の浅い若手職員であればなおさらです。不当要求行為に遭遇したら、相手に断った上で中座し、あるいは電話を保留し、または**あらかじめ決めておいたサイン（後ろ手で指でサインを送るなど）**を出して、先輩や上司にその旨を伝えましょう。絶対にそのまま一人で対応してはいけません。

多くの自治体では、警察職員の派遣を受けて常駐させるか、警察署、弁護士会等と何らかの連携体制を設けています。あらかじめ、あなたの自治体の対処法（マニュアル等）と、あなたの職場での具体的な対応手順を確認しておきましょう。

❗ 自分自身をしっかり守ること

不当要求行為は、職員を精神的に追い詰めて有利な対応を引き出そうとする行為なので、職員が**がんばることで心身のダメージにつながる危険性が非常に高い**です。ある意味、相手の思う壺です。

あなたが心身のバランスを崩してしまうと、あなただけでなく、自身の家族にも自治体にも、ひいては地域にとっても大きなダメージとなります。まずは不当な要求から自分自身を守り、その上で組織の力で打ち勝つという構図をイメージしておきましょう。

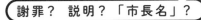

謝罪？ 説明？ 「市長名」？

2-4 文書での回答を求められたら

> ⚡ **事件です！** ⚡
>
> A市が発注した道路工事の際に、工事業者が近隣住民Bさんの住宅の一部に傷をつけてしまったトラブルは、交渉の結果、市がその箇所を補修することで解決の目途が付きそうです。交渉を担当していたYくんは、交渉の最終段階で、Bさんから「この件について、今後この住宅に不具合が出た場合には責任を取る旨の市長名の謝罪文が欲しい」という要望を受けました。

❗ 回答する義務はあるのか？

トラブルの際に住民から「文書でお詫びしろ」「市長名で回答しろ」「責任者から文書で説明してもらいたい」などと求められることがあります。

そもそも自治体には、要望に対して文書で回答する一般的な義務

はありません。自治体に非があるケースだと断りづらいかもしれませんが、**自治体として特に必要があると判断した場合に限り文書で回答する**という対応が適当でしょう。「どう対応するかは、本市で検討し、判断させていただきます」といった言い方だと、ほんの少し印象が柔らかくなるかもしれません。

　いずれにせよ、勢いに負けてあなたの一存で承諾してしまったり、あなた個人の名で文書を差し出したりすることのないようにしましょう。なお文書で回答する場合、相手に都合の良いように曲解されないよう、責任に関する表現には注意が必要です。

❗ Yくんはどうすれば良い？

　本項の事案は、**A市とBさんとの間で示談書を交わして解決すべき事案**です（⑥-**3** 参照）。したがって、Bさんの要望を示談書に明記するか否かは示談交渉の中で解決する必要があります。しかし、Bさんが求めるままの文言を入れると、いつまでも事件が解決しない不安定な状態が続くことになるので、一般的に示談書には、「今後いかなる事情が生じても示談金以外、互いに一切の請求をしない」という趣旨の文言が入ります。それでもなおBさんの要望に応えるとすれば、「道路工事が原因で予期しない不具合が発生した場合は、当事者で協議し、誠意をもって対応する」などといった文言を付け加える方法が考えられます。

　なお、自動車事故の被害者が長期の治療を必要とする場合や後遺症が残る場合には、治療が終了し、症状が固定してから示談を締結します。後遺症については、後遺症がなければ得られたであろう利益（逸失利益）等を示談金に加算することで、示談締結後の事情をくんだ解決が図られます。

個人情報とプライバシーに注意

庁舎内での録音と撮影

❗ 職員による録音

　不当要求行為やクレームだけでなく、難しい内容の交渉やデリケートな内容の面談を行う場合には、その様子をICレコーダーなどで記録しておく必要があります。

　住民との面談を録音することには、次のような意義があります。

①双方の主張を正確に記録する。
②後日、紛争になった際の証拠となる。
③録音することで相手に冷静な対応を期待することができる。

　面談の内容を録音すると伝えると、相手から「権利侵害だ」「根拠はあるのか」といった反応が返ってくることがあります。しかし、**面談を録音することは相手の権利を侵害するものではない**ので録音の必要性（特に上記①）について相手が納得しなかったとしても、そのまま録音を行うことは可能です。このような場合でも、あらかじめ宣言してから録音することが望ましいことは言うまでもありません。

　参考として、無断で録音した音声データであっても、人格権侵害を伴う方法で録音されたようなものでない限り証拠として認められる旨を示した裁判例があります（東京高裁昭和52年7月15日判決）。

　ただし、面談の内容には、個人情報や秘密が含まれていることもあります。録音データが外部に漏れることのないよう、その取り扱

いには十分に注意しなければいけません。

❗ 住民による録音・撮影

　動画投稿サイトで、自治体職員とのやり取りを撮影した動画を見かけることがあります。スマホでも鮮明な動画が撮影できるようになったこともあって、庁舎内で勝手に動画が撮影され、問題となるケースが増えています。

　自治体の庁舎には、個人情報やプライバシーなどのデリケートな情報がたくさんあります。勝手な撮影を許してしまっては、住民も安心して相談に来ることができません。そこで、多くの自治体では、**庁舎管理規則により庁舎内での録音・撮影は管理権者（管財を所管する部長など）の許可を要すると規定**しています。こうした規定を根拠に、動画の撮影をやめさせることができます。

　それでも録音・撮影を続ける場合は、職員の執務への妨害になるだけでなく、来庁者の迷惑や肖像権の侵害につながる可能性もあるので、庁舎からの退去を求める必要があります。状況に応じて警察に通報するなどして、組織として毅然と対応しましょう。

胸元にキラリと光る「あの」バッジ

弁護士がやって来たらどうする?

! 弁護士登場

弁護士バッジ

近年、自治体に弁護士から文書が届く、弁護士が来庁するといったケースが増えてきました。弁護士だからといって特別な対応をする必要はありませんが、弁護士が登場したということは、後々その案件が訴訟や審査請求に発展する可能性が高いことを意味するので、そのことを念頭に置いておく必要はあります。

例1 交渉の場に弁護士を同席させたい

住民から、職員との交渉の場に弁護士や支援団体の職員を同席させたいとの申し出がされることがあります。例えば、生活保護の申請の席にこうした人が同席する場面を見かけることがあります。一般論として、同席を認めるべきではない特段の事情がなければ、同席を拒否することはできません。法令の趣旨に沿わない対応をすると厳しく指摘されてしまうので、注意が必要です。

例2 損害賠償請求の事務を弁護士に委任した

住民の代理人と称する弁護士から「自治体の工事のせいで家が傾いた」「職員の対応のせいで精神的苦痛を受けた」などとして謝罪や賠償を求める文書が届くことがあります。返答によっては法的措置を検討するといった文言が書かれていることも多く、実際に、訴訟や調停に発展することもあります。

自治体にこうした文書に回答する義務はありませんが、請求に応じないことを明確に示すために文書で回答するという判断もあり得ます。その場合は、訴訟に発展する可能性も踏まえて、法務部門や弁護士と協議の上で対応すると良いでしょう。

例3　自治体の債務者が破産した

　自治体の債務者が経済的に破綻し、弁護士に破産手続を依頼すると、その弁護士から自治体宛に「破産手続を受任したので、○○さんへの取立てを中止し、債権額と取引経過を文書で提出してください」といった通知が送付されます。この通知を、**受任通知**と言います。この通知自体に取立てを禁止する効力はありませんが、一般的に自治体では取立てを停止し、**債権の額、発生原因、担保権等の有無**を記載した文書を返信します。

　こうしておくと、破産手続が開始されたときに、裁判所から手続に関する通知が自治体に送付されます。ここから、自治体として破産手続に参加するための事務を進めることになります。

❗ 本当に「代理人」？

　もしも偽物の代理人に、本人（代理人に委任をした本人）の個人情報を知らせてしまったら、情報漏えい事故になってしまいます。本人から損害賠償を請求されてしまうかもしれません。

　弁護士に限らず「代理人」を称する人が現れたときには、代理人が行おうとする事務の内容に応じて、本人に問い合わせる、委任状の提出を求めるなどして、**その者が本当に代理人なのかどうかを必ず確認する必要があります。**

クレームのダメージから自分を守るために

　クレーム対応は、心身に大きな負担がかかります。がんばりすぎると、体調を崩してしまうかもしれません。クレームに遭遇したときに自分の心身を守る、そんな心構えを用意しておきましょう。

・クレームに同調する。

　反論や言い訳は、相手の怒りを増幅させてしまいます。クレームに同調して「なるほど、そうなんですね」というトーンの対応をすると、クレームが少しだけ和らぎます。ただし、同調しすぎると「じゃあ私が言ったとおりにしろ」という流れになってしまうので、必要以上に同調しすぎないよう注意してください。

・別のことを考える。

　クレームを聞いていると、あたかも自分が失敗し、自分が責められているような気がします。つらくなってきたら、適度にクレームの内容から意識を逸らし、「他人事」の意識で聞いてみましょう。ただし、「ちゃんと聞いているのか」と怒られないよう、逸らしすぎには注意してください。

・疲れた自分を客観的に見る。

　気が滅入ってしまったら、「ああ、自分は落ち込んでるなあ。落ち込むことなんかないのに」と自分を客観的に見て、言葉をかけてあげてみてください。ちょっとだけ気分が軽くなります。

・次のアクションに素早く切り替える。

　ダメージを引きずらないためには、強制的に気分を切り替えるのが最も効果的です。別の作業に没頭するか、仕事、旅行、デート、ホビー、スポーツ、ゲーム……、なんでも良いので、「放っておいてもいろいろ思い浮かんできちゃう」ジャンルのことを考えてみてください。気持ちの風通しを良くする助けになります。

3章

《「漏えいでは?」にヒヤリ!》

情報管理の
法的トラブル

　自治体というと、ICTなど最先端の技術からは縁遠い
印象があるかもしれません。しかし自治体には、家族関
係、資産関係などのセンシティブな個人情報や、企業の
納税関係、従業員関係などの重要な経営に関する情報が
幅広く集まってきます。実は、ありとあらゆる情報が集
まる自治体こそ、情報の扱いには敏感でなければいけま
せん。

　情報管理の決め手は「あらかじめ定められたルールど
おりに管理すること」です。本章では、自治体の情報管
理の基礎を確認しておきましょう。

3-1 情報の4分類を押さえよう

❗ 情報の多様化と分類

　自治体の役割が拡大するにしたがって、自治体が扱う情報も多様化してきています。自治体が扱う情報には次のものがあります。

- ・住民に関する情報　（家族関係、福祉関係、納税関係等）
- ・企業に関する情報　（業務関係、納税関係等）
- ・職員に関する情報　（氏名、給与、所属、家族構成等）
- ・自治体に関する情報（組織関係、財務関係、事業関係等）

　情報の取扱いには、その性質に応じ法令が適用され、違反した者には罰則や懲戒処分が科されます。また、公開すべきでない情報を外部に漏らし情報の主体である住民等に損害を発生させた場合、自治体は被害者から賠償を求められる可能性もあります。

【1. 個人情報とは 】

　生存する個人に関する情報であって、①特定の個人を識別することができ、②個人識別符号が含まれるものを言います（個人情報保護法1条、2条2項。なお、個人情報保護制度の改正について、3-6参照）。

- ①の例：氏名、住所、電話番号、メールアドレス
- ②の例：マイナンバー、運転免許証番号、住民票コード

　死者の情報は個人情報に当たりませんが、生存する個人の個人情

報に関連する限りで保護の対象となることがあります（相続の場面等が想定されます）。また、苗字のようにそれだけでは個人が特定できない情報であっても、住所や生年月日の情報と一体になると個人が特定できる場合は、その情報の全体が個人情報に当たります。

2. 秘密とは

人に知られたくない事実で、秘密にする意思と利益が認められるものを言います。地方公務員は職務上知り得た秘密を漏らしてはならない義務（守秘義務）を負っており、これに違反すると罰則や懲戒処分が科されることがあります（地方公務員法29条1項2号、34条、60条2号）。なお、税務職員、児童相談所職員など特定の身分を有する者については、身分に応じた特則が設けられています（地方税法22条、児童福祉法61条）。

> 例：住民税の課税・滞納の状況、児童の家庭の状況

3. 名誉とは

人の社会的な評価を言います。公然と事実を摘示して人の社会的評価を下げた場合、名誉棄損罪（刑法230条）で罰せられます。職場で「セクハラをしている」「不倫をしている」「反社会的勢力と関係がある」などと話したり、SNSに書き込んだりしてしまうと、それが真実であったとしても、同罪に問われる可能性があります。

4. プライバシーとは

個人の私生活上の事柄のことを言います。近年、インターネット上に他人のプライバシーを公開したことを理由として損害賠償を請求される事案が多発しています。新型コロナウイルスの感染が拡大した際には、特定の個人の感染の事実が自治体から漏れてしまい、プライバシーの侵害として問題となる事件も発生しました。

3-2 自治体の「説明責任」を担う2制度

❗ 説明責任を果たせ！

　住民の関心事なのに市長の説明が不十分だと、「説明責任が果たされていない」などと報道されることがあります。**説明責任**とは、自治体の施策や長の権限行使について、根拠、理由、過程、状況等を開示する自治体の責任のことを言います。

　説明責任には、「住民の自治体に対する信頼を確保する」という意義と、「住民の権利行使や事業者の経済活動のために必要な情報を自治体から提供する」という意義があります。こうした意義を担保するため、住民等の求めに応じて情報を開示する制度として、①**情報公開制度**（3-3 参照）と②**個人情報閲覧制度**（3-6 参照）が用意されています。

①情報公開制度	②個人情報閲覧制度
・自治体が保有する情報（公文書）の開示を求める制度。 ・個人、法人問わず誰でも請求することができる。	・自治体が保有する自分に関する情報の閲覧等を求める制度。 ・個人情報の本人または法定代理人のみ請求することができる（本人確認書類が必要となる）。
・個人情報は請求者本人のものであっても開示されない。 ・情報の内容によっては開示されない場合がある。	・請求者本人の個人情報を閲覧することができる。 ・情報の内容によっては本人でも閲覧できない場合がある。

❗ 情報を見たいと言われたら

　住民から自治体の保有する情報について問い合わせがあったときは、住民が何を求めているのかをよく聞いた上で、対象とされる情報を特定し（**3-3** 参照）、住民が必要とする情報を過不足なく提供できるよう、最も適切な方法を案内しなくてはいけません。

○**請求者の求めるところを傾聴**

○**請求対象を特定**

・**誰でも閲覧できる文書である**

　→図書館、ウェブサイトなど閲覧できる場所を案内

・**他の制度により閲覧等の対象である**

　⑴　**住民票の写しの交付、固定資産課税台帳の縦覧など**

　　→それぞれの制度を案内する。ただし、写しの交付の定めがない場合、写しの交付は情報公開制度で対応

　⑵　**特定歴史公文書（その自治体において、歴史資料として重要な公文書のうち、業務における本来的な使用が終了し、保存期間が満了したもの）に当たる**

　　→公文書管理条例の閲覧等の制度で対応する。

　⑶　**請求者自身の個人情報に関する文書である。**

　　→個人情報保護条例の閲覧等の制度で対応する。

○**公文書開示請求で対応**

3-3 公文書開示請求のチェックポイント

❗「公文書を見たい」

公的な機関等の保有する情報（公文書）の開示を求める制度を**情報公開制度**と言います。自治体の保有する公文書の開示は、自治体の条例・規則を根拠として運用されています。

公文書は、本来は誰に対してでもオープンであるべきものです。ただ事務の便宜上、あらかじめ全てを開示しておくことは難しいので、請求に応じて開示するという制度として整備されてきました。したがって、請求によって開示される公文書は、誰でも閲覧することができる文書ということになります。

このような性質から、情報公開制度は、地域の住民に限らず、法人でも利用することができるので、開発事業者が自治体の開発計画を閲覧する場合、弁護士が訴訟の準備のために関係資料を閲覧する場合など、様々なケースで利用されています。

❗ 公文書開示請求の受付

請求書の記載事項に難しい点はありません。自治体側は条例・規則で定められた事項が過不足なく記載されていることを確認すれば十分です。身分証明書の提示のような本人確認は必要ありません。

この段階で大事なのは、**開示の対象となる情報が特定されているかどうか**を確認することです。対象の特定は、請求者のためだけでなく、自治体の事務の便宜にもなります。ただし、何らかの理由で

情報が十分に特定されていない状態であっても、請求書を受理することは可能です。この場合には、後の手続の中で特定していく（請求書を補正する）ことになります。

　請求書の受付に際して注意すべき点は次のとおりです。

《 1.請求は「実施機関」ごとに 》

　公文書開示請求は、公文書を管理する主体（実施機関）宛に行われます。例えば、政務活動費に関する公文書の開示が求められ、その一部が市長に、一部が議会により管理されている場合、開示請求は市長と議会のそれぞれに対して行わなければいけません。

　具体的な実施機関については、条例で定められています。一般的には、首長のほか、消防長、教育委員会、監査委員、議会などが規定されています。なお、自治体によっては、議会で独自の情報公開条例を定めているところもあります。

《 2.受付から決定までの見通し 》

　請求の受付から決定までの期間は、受付の翌日から14日あるいは15日以内とし、正当な理由があれば延長することができるとする例が多いようです。正当な理由としては、対象となる文書の量が膨大で特定に時間がかかる場合などが考えられます。

　請求に対する決定や期間延期の決定は、いずれも通知として請求者に送付されるので、請求者にその旨も伝えておきましょう。

《 3.「請求したこと」も保護されるべき情報 》

　ある市議会で、議会事務局が政務活動費に関する公文書開示請求があった旨を市議会議員に知らせたことが問題になりました。このような行為は、請求を萎縮させ、制度への信頼性を低下させる危険性があります。請求者の氏名等は当然として、請求があったこと自体もみだりに口外しないよう注意が必要です。

3-4 公開できる情報と公開できない情報

！ 公文書開示請求の審査

　請求書を受け付けたら、あらためて請求の対象が公文書に当たるか、特定されているか、また、不開示情報が含まれていないかなどを審査します。これらに問題があっても補正で対応できるのであれば請求者に補正を求めますが、補正に応じない、補正しても完全にならない場合には、それ以上の審理に入ることなく請求を**却下**します。いわば門前払いです。なお、請求内容の審理の結果、請求に理由がないとして請求を退けることは、**棄却**と言います。

1. 公文書とは

　公文書の意義については、多くの自治体で次のように解されています（情報公開法2条2項参照）。

> ①行政機関の職員が職務上作成し、又は取得した文書、図画及び電磁的記録（中略）であって、
> ②当該行政機関の職員が組織的に用いるものとして、
> ③当該行政機関が保有しているもの

　例えば、職員間でやり取りしたメールは、職務上作成し、庁内システムで保存されるものは公文書に当たります。また、職員が職務上の必要があって作成したメモの場合、個人的に手元に置いておくだけのものであれば公文書には当たらず、職場で組織的に共有されるものであれば公文書に当たります。

職場にあるほとんどの文書は公文書として開示の対象になると考えられます。そもそも情報公開制度は、自治体が保有する情報を広く住民に知ってもらうための制度であり、普段から開示されることを念頭に置いて文書を作成し、管理する必要があります。

《 2. 不開示情報とは 》

　請求の対象となった公文書に、公開により何らかの支障が生じるおそれがある情報が記載されている場合には、その全部または一部の公開を拒否しなければなりません。このような情報を不開示情報（非公開情報）と言い、例としては次のものが挙げられます。

①個人情報

　　例：個人の身上関係、家族関係、税の納付状況に関する情報

②法人等の正当な利益を害するおそれがある情報

　　例：法人代表者の印影、法人の有するノウハウ、取引先の情報

③公共の安全と秩序の維持に支障を及ぼすおそれがある情報

　　例：警察署長から送付された捜査関係事項照会書

④国等との協力関係又は信頼関係が損なわれるおそれがある情報

　　例：自治体の区域内にある国の施設に関する交渉経緯の情報

⑤自治体内部又は自治体と国等との間における審議、検討等に関する情報であって、意思決定の中立性が不当に損なわれるおそれ等がある情報

　　例：審議会において審議中の案件に関する情報

⑥事務事業の適正な遂行に支障を及ぼすおそれがある情報

　　例：実施前の試験の問題、土地等の売買の交渉、業務委託に
　　　　関する単価

3-5 公文書開示請求の ゴール

❗ 公文書開示請求決定の種類

公文書開示請求に対する決定には、次の種類があります。

> **①全部開示決定**
>
> 請求された文書を全て開示する決定
>
> **②一部請求拒否決定**
>
> 文書に不開示情報が記載されている場合に、その部分をマスキングなどの加工をした上で残部を開示する決定
>
> **③不開示決定**
>
> 文書の全てが不開示情報に当たるとして開示しない決定
>
> **④存否不回答決定**
>
> 文書が存在するかどうかということ自体回答しないこととする決定※
>
> **⑤文書不存在**
>
> 文書が存在しないことを理由に請求を拒否する決定
>
> **⑥その他決定**
>
> 文書が「公文書」に当たらない場合などに行う決定

※ 例えば、「〇〇氏の要介護度に関する情報」の公文書開示請求に対して文書不存在の決定をしてしまうと、「〇〇氏は介護認定を受けていない」という個人情報を開示するのと同じ結果になってしまいます。したがって、このような請求に対しては、文書の存否すら回答してはならないこととなります。

❗ 決定通知の送付と公開

　請求に対する決定をしたときには、全部または一部の開示の有無と、開示する場合には、開示の日時、場所、方法、原本・複写の媒体、費用などを記載した通知を請求者に送付します。

A市公文書開示決定通知書

A市第20211010-0001号
令和3年7月1日

（請求者）○○　　○○

（実施機関名）A市長　　○○　　○○

　令和3年6月20日付けで開示請求のあった公文書については、A市情報公開条例第11条第1項の規定により、次のとおり開示することを決定したので、通知します。

公文書の件名		○○施設の売却の際に使用した契約書、稟議書、売却先事業者の提出した提案書
開示の日時及び場所	日時	令和3年7月15日（木）　13時15分
	場所	A市役所○階　　○○課
開示の方法		■閲覧（■原本□複写）　□写しの交付　□視聴
所管課		○○課
備　考		

公文書の開示を受ける際には、この通知書を提示してください。

「私の情報が見たい！」

3-6 個人情報閲覧請求の受付方法

❗ 「私の情報が見たい」

　個人情報閲覧制度は、自治体が保有する個人情報の主体である本人に、「私の情報を見たい」「訂正して欲しい」「削除して欲しい」と自治体に求める権利を認めた制度です。情報公開制度と同じく自治体の条例を根拠に運用されてきました。

　住民の「公文書を見たい」という相談の趣旨が「私に関する情報を確認したい」というものであれば、個人情報閲覧制度（個人情報閲覧請求）を案内しましょう。なお、請求者本人の情報であっても、閲覧を許可することで何らかの支障が生じるおそれのあるものについては、公文書開示請求と同様、閲覧等を拒否することとなります。

❗ 受付の際に

　個人情報閲覧請求書の受付の際には、請求者が本人（あるいは、法定代理人、任意代理人）であることの確認が必要となります。その方法としては、運転免許証、個人番号カードなどを提示してもらう方法が一般的です。郵送によって請求する場合には、住民票の原本等の提出も併せて求めることとしている自治体が多いようです。

　本人確認は、こうした書類を目視することで行います。コピーを取るのはあくまで「念のため」であって、相手の承諾がなければ、勝手にコピーを取ることはできません。

　令和3年5月のデジタル改革関連法の成立によって個人情報保護

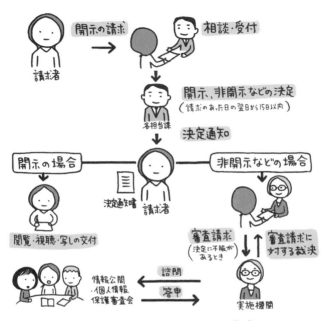

※　出所：群馬県伊勢崎市ホームページより作成

　法が改正され、これまで条例を根拠に行われてきた自治体の個人情報保護制度が同法の下に統合されることとなりました。これにより、**個人情報の定義や取扱いが、国、自治体（議会を除く）、民間事業者等で統一化**されます。

　各自治体では、法の施行（令和5年春頃）に合わせ、法に適合するよう条例を改廃することとなります。条例に自治体独自の保護措置を存続させることも可能とされています。なお、議会はこの新しい枠組みに含まれないので、別途対応が必要となります。

3-7 議員からの資料要求への応じ方

❗「資料を持ってきてくれないか」

　地方議会議員から電話がかかってきて、「事業の詳細について知りたいから、関係資料を持ってきてくれないか」などと頼まれることがあります。議員の求めに応じて資料を提供することは、自治体ではよくあることです。しかし、議員にはそのような権利が認められているのでしょうか。

　議員の権限については、地方自治法の議会の章に具体的に規定されています。資料要求の根拠となりそうな権限に関する調査権の規定としては、同法100条1項や109条2項がありますが、これらは、いずれも調査権の主体を「議会」「常任委員会」としており、「議員」「委員」を主体とした権限には触れていません。

　実は、地方自治法上、議員又は委員には資料を要求する権限は認められていません。執行機関は、施策を理解してもらうため、あるいは、議案等の審議をスムーズに進めてもらうため、**いわばサービスとして資料を提供しているのが実態**です。

　議員から資料要求があったときは、それが調査権に基づくものではない場合（大抵はこちらでしょう）には、資料の性質や内容、サービスとして提供することの適否、議員間で不公平な対応にならないか（特定の議員を融通することにならないか）などの点を考慮して、**場合によっては情報公開請求で対応してもらう**ことも検討する必要があります。

❗ 議会等に関係する調査権等

同法100条1項の調査権（**百条調査権**）について補足します。この調査権は、自治体の事務を調査するために議会に認められた権限です。証人の出頭や記録の提出を求めることができ、正当な理由なく応じない者や虚偽の証言をした証人には刑事罰が科されるという、非常に強い効力が認められています。

百条調査権は、委員会に委任されるケースが多く、委任を受けた委員会は百条委員会と呼ばれます。最近では、市長が庁舎に家庭用サウナを持ち込んだ問題（大阪府池田市）やごみ処理施設の建設予定地に汚染残土が持ち込まれた問題（千葉県四街道市）などで、それぞれの議会に百条委員会が設置されました。

池田市の百条委員会では、市長が証人として尋問を受け、虚偽の証言をしたとして市議会から偽証罪の容疑で刑事告発されたことで大きな話題となりました。

議　会	検査権（98条1項）
	調査権（100条1項）
委員会	
常任委員会	調査権（109条2項）
議会運営委員会	調査権（109条3項）
特別委員会	付議事件の審査（109条4項）
	に付随する調査権
議　員	議会基本条例等に規定あり　→　調査権あり
	特段の規定なし　　　　　　→　調査権なし

3-8 自治体の情報の主な漏えい事件

漏れたら大変！

❗ 情報セキュリティとは

情報セキュリティとは、自治体が保有する情報が**①機密性、②完全性、③可用性**の3つを備えた状態を言います。それぞれの意義とそれが害される例は次のとおりです。

> **①許可された者だけがアクセスできる状態にあること（機密性）**
>
> 　　害される例：不正アクセスによるデータの流出
>
> **②内容が正確で完全であること（完全性）**
>
> 　　害される例：サイバー攻撃によるデータの改ざん
>
> **③必要なときに活用できること（可用性）**
>
> 　　害される例：職員の誤操作によるシステム障害

情報セキュリティ事故の大半は、外部記憶装置の紛失や端末の誤操作による情報漏えい事故ですが、そのバリエーションは様々です。その対策としては、実際に自治体で起きた情報漏えい事故のパターンを知ることが効果的です。

【 1."Twitter"による税情報の漏えい 】

税部門の職員が、職場で撮影した画像を"Twitter"に投稿したところ、その画像に企業の税に関する書類が映り込んでいたため、税に関する情報が漏えいした事故。私たちが思う以上に、私たちの職場は重要でセンシティブな情報であふれています。

《2.》DV 被害者の情報の漏えい

　税部門の職員が、DVの被害者としてDV防止法の支援措置を受けている女性の情報を、誤って加害者である元夫に教えてしまった事故。近時増加傾向にある事案で、本来定められた手順に従って確認すべき事項を見落としてしまうタイプの事故です。

《3.》外部記憶装置の紛失による情報漏えい

　教員が児童の氏名や学習上の情報をUSBメモリにコピーして学外に持ち出し、帰宅途中、カバンごと紛失した事故。「自分は大丈夫」という油断から起きる典型的な事故です。

《4.》メールアドレスを閲覧できる状態での多人数への同時送信

　全ての送信先を「BCC」にすべきところ、誤って「CC」にしてメールを送信したため、受信者のメールアドレスを漏えいさせた事故。そもそもそういったルールを知らない職員が少なくありません。

❗ 情報漏えい事故が発生してしまったら

　情報漏えい事故が起きてしまったときは、自治体で定められたルールと手順に沿って対処します。その大枠は次のとおりです。

> ①それ以上の情報の漏えいを食い止める。
> ②漏えいによる被害の発生を食い止める。
> ③漏えいした情報の主体に対応する（報告、謝罪など）。
> ④事故発生時の状況と経過を記録する（1-4 参照）。
> ⑤原因を究明し、事故防止策を整える。

　情報漏えい事故発生時には、何よりも迅速な対応が求められます。「やってしまったかも」と思ったら、**焦ってあれこれ考えるよりも、まずは同僚や上司に報告をしましょう。**

3-9 そのコピー、著作権違反かも

❗ そのコピー、違法じゃありませんか？

職場で「この資料のコピーを取って」とか、「そのパソコンの画面をプリントアウトして」などと言われることはありませんか？　どこにでもある日常的なやり取りに聞こえますが、これらの行為は、他人の著作権を侵害する可能性があります。

著作権とは、思想又は感情を創作的に表現したものであって、文芸、学術、美術又は音楽の範囲に属するものを言い、著作物を創作した者を**著作者**と言います（著作権法2条）。著作者には、大きく次の2つの権利が認められています（著作権法18 ～ 28条）。

《1. 著作者人格権》

著作物を通して表現された著作者の人格を保護する権利です。

①著作物の公表を判断する権利（**公表権**）

②公表の際に氏名を表示する権利（**氏名表示権**）

③著作物の題名や内容を他人に変えられない権利（**同一性保持権**）

の3つの権利から構成されます。

《2. 著作権》

著作物に関する財産権としての権利で、著作物を複写、録音、録画などの方法で再製する権利（**複製権**）、公に上映する権利（**上映権**）などで構成されます。中でも複製権は、著作権の中で最も重要で基本的な権利と位置付けられています。

出版物やインターネット上のデータのほとんどは、著作物として、

一定の私的使用の目的の場合を除き複製が禁止されています（著作権法30条）。これらを勝手に複製して私的目的外の資料等に使ってしまうと、著作者から使用停止の申入れがされ、場合によっては差止請求訴訟や損害賠償請求訴訟を提起される可能性もあります。

　次のような行為は要注意です。

1. 新聞記事のコピーを職場で回覧

　課で購入した新聞や書籍を、そのまま課の職員が読む分には問題ありませんが、他課への回覧などの目的でコピーをすることは、違法な複製行為に当たります。

2. 第三者のウェブサイトのデータをプリントして渡すこと

　ウェブサイトからデータをダウンロードすることは違法な複製行為に当たります。一定の場合に複製（二次利用）することが許可されている場合もあるので、そのウェブページの「サイトポリシー」（著作権等に関する注意書き）を確認しておきましょう。

3. 書類をコピーして住民に渡すこと

　複製の問題だけでなく、住民が負担すべきコピー代を自治体が負担するという問題があります。住民サービスの範囲内か否かの判断は難しいところですが、住民が自力で用意できるものについては、できるだけ住民自身に用意してもらいましょう。

「ゆるキャラ」だけどゆるくない

自治体の著作権にも
要注意

❗ 自治体も著作権者に

　自治体であっても、著作物を創作すれば著作権者になります。**自治体の代表的な著作物は、自治体のウェブサイト**です。あなたの自治体のウェブサイトにも "All Rights Reserved" のメッセージや、ウェブサイトのデザイン、文章、写真などが著作権で保護されている旨が明記されたページがあるはずです。これらは、自治体がウェブサイトの著作権者であることを表しています。

　例えば、第三者が議会中継の動画を動画投稿サイトにアップロードして誰でも閲覧できる状態にすることは、自治体の著作権を侵害する複製行為に当たります。このような行為を確認した場合には、まずは動画投稿サイトに著作権侵害を理由として動画の削除や公開停止を求める申し入れをする必要があります。なお、この場合、著作権者は自治体で、その管理を任されている部署が議会事務局という位置付けになります。

❗ ゆるキャラの著作権に注意

　近年、いわゆる「ゆるキャラ」ブームに乗って、各地で個性的なキャラクターが創作され、それと歩調を合わせるようにその著作権に関するトラブルが多発しています。

　ゆるキャラの著作権は、まず、デザインした個人（公募に応じてデザインした住民、委託を受けてデザインしたデザイナーなど）に

帰属し、別途、契約により自治体に譲渡された場合に、自治体に帰属します。職員が自治体の業務としてデザインをした場合には、そのまま自治体に著作権が帰属します。

　民間の事業者が勝手にそれらのゆるキャラのデザインを使用してグッズを作成し、販売する行為は、自治体の著作権を侵害する複製行為に当たります。発見した場合には、速やかに販売中止等を申し入れる必要があります。また、侵害の度合いによっては、差止請求訴訟や損害賠償請求、著作権法違反を理由としてその事業者を告訴することも検討しなくてはいけません。

　逆に、デザイナーにデザインしてもらったゆるキャラでグッズを作成する際に元の図柄を加工する場合は、デザイナーとの契約の内容を確認した上で事務を進めましょう。もしかすると、キャラクターの使用（図柄の加工）について、何らかの制限が設けられているかもしれないからです。企画の段階でデザイナーと一緒に検討できると安心です。

大量の開示請求にどう対応するか

　大量の公文書の開示を求める情報開示請求が、権利の濫用に当たるのではないかと争われた事例を紹介します。

　請求の対象となったのは、国（関東運輸局）が保有する車両の登録に関する公文書でしたが、その分量たるや「職員1名を専従作業員として、1日8時間全く休憩なしで、同じ作業効率で作業を進めたとして、最低で6か月余りの時間が必要」（東京地裁判決より）なほどでした。

　関東運輸局長は、文書は特定されておらず、不存在であるとして不開示の決定をしたところ、請求人がこの決定の取消しを求め、国を相手取って訴訟を起こしました。

　裁判所は、本件請求によって文書は識別可能な程度に特定されているとした上で、①情報公開法は著しく大量の開示請求であっても、それを理由として不開示とする規定は置いておらず、かえって開示期限の延長や順次開示する手続を想定している、②そもそも本件では国の情報管理のあり方は時代遅れの感があり問題がある、③本件請求の趣旨からするとある程度包括的、網羅的なものにならざるを得ず、④本件請求が国の業務に著しい支障を来たすことを意図されたものである等、権利の濫用と認めるに足りる事情がない、などとして請求人の主張を認め、不開示決定を取り消す判決を下しました（東京地裁平成15年10月31日判決）。

　頻繁な請求や大量の公文書の開示を求める請求に悩む自治体は少なくありません。最近、東京都が、こうした請求は受け付けないこととする基準を作成するという報道がありました。情報公開制度の趣旨に反するのではないかとの懸念もあって難しい取組みかと思いますが、こうした問題に一石を投じるものとして注目されます。

//

4章

\「懲戒されるよ」にヒヤリ!/

職員不祥事の
法的トラブル

　法的トラブルの火種は、私たち職員の中にもくすぶっているかもしれません。油断、誤解、勘違い、不勉強、コンプライアンス意識の低さなど原因は様々ですが、いずれもちょっとしたきっかけで「不祥事」となって炎上してしまうリスクがあります。

　地位と身分が守られているからこそ、間違っても不祥事を起こさぬよう、もう一度、私たちの公務員としての立ち位置を見直しておきましょう。

4-1 本当に自分は大丈夫？
安易な誤信が不祥事の火種に

❗ 不祥事がもたらすもの

一口に「不祥事」と言っても、内部資料に関する小さなミスから重大な犯罪まで様々です。その内容によって、職員には懲戒処分、刑事罰が科され、結果として職場に居づらくなる、家族に迷惑がかかるほか、仕事や社会的地位を失うといった重いペナルティが課される場合もあります。また、上司が監督責任を問われて処分される、職場の士気や業務効率が下がる、自治体に対する住民の信頼が低下するといった影響が生じる可能性もあります。

このような不祥事の重大なリスクについて、知らない職員はいないはずです。それにもかかわらず不祥事が起きてしまうのは、**「自分は違う」「自分は大丈夫」という安易な誤信**によって自覚がないまま行為に及んでしまう職員が多いことを意味しています。

私たちの行為は、**「自分でどう思っていたか」ではなく「人から見てどう受けとめられたか」という点で評価される**ことを忘れないでください。

❗ 懲戒処分とは

自治体が不祥事について職員に課すペナルティは、懲戒処分です。**懲戒処分**とは、義務違反行為等に対する制裁として職員に科される処分を言います（地方公務員法29条）。

懲戒処分は、職員が次の行為をした場合に科されます。

①法令に違反した場合

②職務上の義務に違反し、又は職務を怠った場合

③全体の奉仕者としてふさわしくない非行があった場合

懲戒処分には、次の4つの種類があります。

①**免職**　職・身分を奪う処分

②**停職**　一定期間、職務に従事させない処分（この期間は無給
となる）

③**減給**　給与を減額して支給する処分

④**戒告**　規律違反の責任を確認し、将来を戒める処分

懲戒処分は、職員の身分に効果が及ぶので、「処分」（**7-1** 参照）
として審査請求の対象となります。一方、戒告より軽い**訓告**や**厳重
注意**は懲戒処分に当たらないので審査請求にはなりません。

懲戒処分の対象となる不祥事の具体例は、次のとおりです。これ
らは、自治体ごとに「懲戒処分の指針」としてまとめられています。
年に一度は目を通し、職員の心得として再確認しておきましょう。

・欠勤（正当な理由なく勤務を欠く行為）

・秘密の漏えい

・セクシュアル・ハラスメント、パワー・ハラスメント

・公金の横領

・職場のコンピュータの不適正使用

・飲酒運転

本章では、不祥事の一般的な事項を紹介し、ハラスメントについ
ては、章を改めて説明します。

4-2 不祥事に気付いたら／遭遇したら

❗ 不祥事の予兆に気付いたら

「最近、よく取引業者と飲みにいくんだ」とか「同僚のＡさんを食事に誘っているんだけど、何度誘っても断られる」といった話を聞いたら、ちょっとドキッとしませんか？ 「ワイロ」とか「セクハラ」といった物騒な言葉が頭をよぎり、不祥事の予兆が感じられるかもしれません。そんなとき、あなたならどうしますか？

手っ取り早く確実なのは、問題になりそうだからやめるよう助言することと、上司や先輩に相談することです。自分のせいでその職員が叱責されるかもしれない、逆恨みされるかもしれないなどの心配が頭をよぎるかもしれませんが、**不祥事の予兆を見過ごすことは、自治体、職員、関係者の危機を見過ごすことと同じ**です。場合によっては、「知っていたのに止めなかった」あなたも責められてしまうかもしれません。ここは勇気を奮って、その職員に行為の危険性を指摘するか、信頼できる上司や先輩に相談してみましょう。

❗ 職員の不祥事に遭遇したら

不祥事が起きてしまった場合、状況によって、できること、やるべきことが変わってきます。時間が経つとともに対応の仕方も変わり、被害を回復することは難しくなります。適切に行動できるよう、次のような整理をしていきましょう。

【1. 被害の発生を止めることはできるか】

不祥事が起きたが、まだ被害の発生を食い止めることができるのであれば、あなたから思い切って声をかけ、行為を止めさせることに大いに意味があります。ただし、不祥事が起きる現場は、往々にして対応が難しい状況にあるものです。あなた自身の身の安全を守ることも忘れないようにしましょう。

【2. 被害者はいるか（被害が発生しているか）】

被害が発生してしまった段階では、被害者への対応が必要です。ただし、ハラスメントの事案などでは、安易な対応が二次被害を引き起こすこともあります。被害者の了解を得て上司や人事部門に相談することができれば、そうした方法が最善です。

【3. 法令に違反する行為か】

現に犯罪が行われている状況であれば、警察に通報しなければなりません。ただし、こうした場面では、**1**と同様の問題があるので、あなた自身の安全に十分に注意する必要があります。速やかに上司や先輩に相談しましょう。

↓①性差などへの認識不足

↘④被害者の被害の深刻化

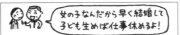

↓②不用意・不適切な発言
によるハラスメントの発生

↓⑤加害職員の処分

↗③初期の対応の遅れ

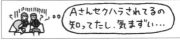

⑥職場環境の低下

4-3 それ、「置き引き」、「ポイ捨て」、「盗撮」です!

❗ いつの間にか犯罪者に

　「これぐらいは問題ない」「きっとばれない」「自分は大丈夫」という誤信は、日常のちょっとした行為に抱きがちです。しかし、こうした行為の中には、そもそもが犯罪であったり、大事になりかねないものもあります。次のような行為が招く不祥事は、公務員でなくとも知っておきましょう。

《 1. 置き引き 》

　ATMに置き忘れられた現金や、自動販売機に残っていた釣り銭を見かけたことはありませんか。これらを拾って持ち帰ってしまう行為を一般的に **置き引き** と言い、行為者は刑法の窃盗罪または遺失物等横領に問われる可能性があります（同法235条、254条）。

《 2. ポイ捨て 》

　いわゆる **ポイ捨て禁止条例**（「川崎市飲料容器等の散乱防止に関する条例」「船橋市路上喫煙及びポイ捨て防止条例」など）が施行されている地域で路上にタバコの吸い殻や空き缶を投げ捨てると、条例によって過料などを科される可能性があります。

　これらの行為が条例違反にとどまる場合は、犯罪（刑罰を科される行為）とまでは言えませんが、捨てる物や状況によっては、廃棄物の処理及び清掃に関する法律（16条、25条1項14号）、軽犯罪法（1条25号、27号）、道路交通法（76条4項4号、5号、120条1項9号）などの規定により刑罰が科される可能性があります。

〖 3 . 盗撮 〗

　他人の入浴の様子を撮影したり、歩行中に他人のスカートの下から下着を撮影したり、あるいは、かわいいからと裸の幼児を勝手に撮影したりする行為を盗撮と言います。「本人に無断で撮影する」ことが処罰の対象になるのではなく、行為の態様によって次のような規定に違反する可能性があります。

①通常衣服で隠されている下着又は身体を撮影した場合

　　迷惑防止条例（東京都「公衆に著しく迷惑をかける暴力的不良行為等の防止に関する条例」など）。

②人が通常衣服をつけないでいる場所（風呂など）で撮影した場合

　　軽犯罪法（1条23号・窃視の罪）

③他人の住居に侵入して撮影した場合

　　刑法（130条・住居侵入罪）

④衣服を着けず、尻や性器などが露出した児童を撮影した場合

　　児童買春、児童ポルノに係る行為等の規制及び処罰並びに児童の保護等に関する法律（いわゆる児童ポルノ等禁止法）

前の人お金わすれてる！ラッキーもらっちゃお

ゴミ箱探すのめんどくさいしここに捨てちゃお

小さい子、かわいいな～写真、撮っちゃお

置き引き・釣り銭窃盗　　ポイ捨て　　盗撮

4-4 公務員の副業の制限

❗ 本書の執筆は違法？

　筆者は、自治体職員として働きながら、出版社との契約に基づいて本書を執筆しています。本来、公務員は副業が禁止されているはずなのに、なぜ筆者は本書を執筆しているのでしょう？

　一般職の公務員は**職務に専念する義務を負い、営利企業への従事等が制限**されています。次のような副業をするには任命権者の許可が必要とされ（地方公務員法35条、38条）、許可なく副業を行った場合、懲戒処分を科される可能性があります。

> **①営利企業等の役員の地位につくこと**
> 　例：株式会社の取締役への就任。
> **②自ら営利企業を営むこと**
> 　例：自ら起業した工事会社の経営。
> 　　　一定規模以上のマンション経営。
> **③報酬を得て事業・事務に従事すること**
> 　例：勤務時間外に飲食店で接客のバイト。
> 　　　趣味に関する有料での講演。

　副業を無条件に認めてしまうと本業である公務員としての職務がおろそかになることや、特定の利益のために働くことで公務員に対する公正性の信頼が害される懸念があります。任命権者は、次の点を考慮して許可するかを判断します。

①職務遂行上の能率の低下をきたすおそれがないか。

②その営利企業と自治体との間に相反する利害関係を生じさせ、職務の公正を妨げることがないか。

③職員及び職務の品位を損ねるおそれがないか。

地域活動等、公益性のある副業は許可を受けやすいと言われています。また、業務に関連する講演は、業務の一環と認められる場合には副業の問題にならず、講演料は自治体の収入となります。

原稿の執筆は、従事期間、報酬額、執筆内容などを踏まえて判断されますが、多くの自治体職員が専門誌や単行本に執筆しているとおり、一般的には許可を得やすい副業と言えそうです。

ネットオークションやアフィリエイト（インターネット利用の広告プログラム）で収入を得る場合、その規模や形態によっては副業に当たる可能性があります。

投資そのものは副業にあたりませんが、熱心になるあまり本業がおろそかにならないように気をつけましょう。特に勤務時間中の株取引などは、それだけで職務専念義務違反になります。

❗ チャンスを生かすには、まず相談

謝礼や実費は報酬に当たらない、不動産賃貸でも規模や収入額によっては自営業には当たらないなど、副業への判断は事案ごとに様々です。神戸市では、職員が報酬を得て地域貢献活動に従事することを認めるための基準が整備され、話題となりました。

どんなに公益に合致する業務であっても、事前に任命権者の許可を得ておかなければ違反と評価されます。自治体以外から収入を得るチャンスがあったら、まずは上司や人事部門に相談しましょう。

4-5 飲酒運転の 4つの責任

⚠ 飲酒運転とは

　飲酒運転とは、飲酒後に身体にアルコールの影響が残ったまま自動車、バイクなどの車両を運転することを言います。

　平成18年8月25日に福岡県の海の中道大橋上で発生した自動車事故は、自治体職員の飲酒運転によって追突された車が海に転落し、その車に乗っていた幼児3名が死亡するという悲惨極まりないものでした。この事故をきっかけに、飲酒運転に対する危機意識が一層高まり、飲酒運転の厳罰化が進みました。

　飲酒運転に対するペナルティには、次のものがあります。

【 1. 刑事責任 】

　①身体に一定程度以上のアルコールを保有する状態で運転した場合（**酒気帯び運転**）と、②アルコールの影響により正常な運転ができないおそれがある状態で運転した場合（**酒酔い運転**）は、道路交通法により処罰されます。①と②は、呼気中のアルコール量によって区別されます。

　また、③アルコール等の影響により正常な運転に支障が生じるおそれがある状態で自動車を運転し、人を死傷させた場合（**危険運転致死傷罪**）、④事故発生後、飲酒の事実が発覚することを免れようとした場合（**過失運転致死傷アルコール等影響発覚免脱罪**）は、自動車運転死傷行為処罰法により処罰されます。

❰ 2 . 民事責任 ❱

飲酒運転による事故で他人に損害を与えた場合、相手方への賠償金は支払われますが、公用車の修理代等は支払われない（保険会社が免責される）ので、自治体が負担しなければなりません。

❰ 3 . 行政処分 ❱

飲酒運転による道路交通法上のもう一つのペナルティとして、運転免許の停止、取消しの処分があります。酒酔い運転の場合、前歴に関係なく免許取消しとなり、最低でも3年間の欠格期間（免許を再取得できない期間）が設けられます。

❰ 4 . 自治体職員としての処分 ❱

多くの自治体では、飲酒運転により事故を起こした職員は免職、事故を起こさずとも飲酒運転が発覚して逮捕された職員は免職または停職としています（4-6参照）。退職手当を不支給とした事例も見られますが、退職手当には賃金の後払いと生活保障の性格があるとして、全額を不支給とするのは相応の考慮が必要であるとした裁判例があります（長崎地裁平成31年4月16日判決）。

❗ 飲酒運転防止3箇条

飲酒運転で事故を起こした職員の多くは「このぐらいなら大丈夫だと思った」と言います。しかし、飲酒の量がわずかであっても、事故を起こせば厳しいペナルティと非難を受けることになります。その怖さを普段から意識し、「**飲んだら乗るな、乗るなら飲むな**」を徹底しましょう。

また、あなたが運転者の飲酒運転を知って同乗した場合、あなたも罰せられる可能性があります。「**飲んだ人に運転させるな**」もよく覚えておきましょう。

4-6 まさかの同僚が逮捕されたら

❗「職員逮捕」の第一報

　この本を手にしたみなさんの中に、よもや逮捕される方はいないはずですから、ここでは、自治体に「職員が逮捕された」との連絡があったときの流れについて整理しておきます。

　職員が逮捕されると、警察から自治体に「〇〇さんという方はそちらの職員で間違いありませんか？」という連絡が入ります。これを**在籍確認**と言います。自治体にとって、在籍確認が職員逮捕の第一報となるケースが多いです。ただし、逮捕された職員が警察に身分を明かさなかったため、親族からの連絡や報道によって逮捕が発覚したというケースもあります。

　身柄を拘束された被疑者（捜査対象だが起訴されていない者）または被告人（刑事事件で起訴された者）と面会することを**接見**と言います。被疑者は、逮捕後の取り調べで最大48時間、検察官の下での留置で最大24時間の合計72時間、原則として弁護士以外とは接見することはできません。

　その後、裁判によって、検察官が起訴するか否かを判断するために最大20日間勾留されます。この間は接見することができますが、裁判官の判断で接見が禁止されることもあります。

　自治体としては、その職員の処分について判断する材料として、その職員がどんな意図で何をしたのかを把握する必要があります。そこで、警察や親族と連絡を取って、事件や刑事手続の状況を確認

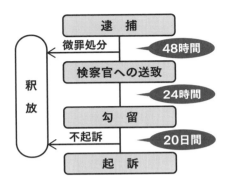

し、逮捕された職員との接見を試みます。

　職員は起訴されると、原則として休職となります（**起訴休職**。地方公務員法28条2項2号）。さらに、禁錮以上の刑で有罪が確定すると、欠格条項に当たって失職します（同法16条1号、28条4項）。なお、刑の執行を猶予され、特に考慮すべき情状がある場合に限り失職しない旨の特例を条例（「失職特例条例」）で定める自治体もあります。

！ 懲戒処分と刑事手続

　懲戒処分と刑事手続は、時として相互に影響します。飲酒運転で逮捕されたが、嫌疑不十分として不起訴処分になった職員について、懲戒免職処分は重すぎるとして処分の取消しが命じられた裁判がある一方、懲戒免職によって社会的制裁を受けたので起訴猶予処分となった例などもあります。

　警察や関係者から情報を集めつつ、顧問弁護士とも相談をして、逮捕された職員の処分について慎重に検討する必要があります。

副業が問題となった事案リスト

　ほとんどの自治体では、職員の副業の許可に関する明確な基準がなく、担当の人事部門では、事案ごとに許可すべきかどうかを判断します。副業の機会に恵まれたら、あるいは、これから副業を検討しようとするときは、過去に問題となった事例や、あなたの自治体で許可された事例を参考にしてください。

　近年報道された事案をいくつか紹介します（括弧内は、その職員に下された処分です）。

・夜間に飲食店で接客のアルバイトをして収入を得た（停職）。
・在宅勤務中に前職の職場で業務を行い、給与の支払いを受けた（訓告）。
・病気休暇中にアルバイトをして収入を得た（停職）。
・訪問介護員の資格で介護事業所に登録し、母親の介護を行って報酬を得た（懲戒免職）。
・賃貸マンションを借りて民泊を営み、収入を得た（減給）。
・勤務時間中に、出版社の依頼による昇任試験に関する原稿を作成した（減給）。

　最後の事案は、業務の内容からして、申請をすれば許可が得られた可能性があります（勤務時間中の執筆はいけませんが）。

　副業が問題になってから「許可さえもらっておけばこんなことにならなかったのに」と後悔しないよう、しつこいようですが、できるだけ早く担当部署に相談しましょう。

5章

≶「○○ハラでは?」にヒヤリ!≶
ハラスメントの
法的トラブル

　今や、ハラスメントに関するニュースが流れない日はないというほど、ハラスメントは社会全体の問題となっています。若手職員はハラスメントの被害者になりやすい反面、「自分は加害者にはならない」という油断から、思わぬ形で加害者になってしまう危険性も持っています。

　被害者にも加害者にもならないよう、ハラスメントの基礎知識と対処法を確認していきましょう。

5-1 「ハラスメント」の意味と由来

❗ ハラスメントとは

　「ハラスメントが発生した！」といわれても、ハラスメントとは一体どんなもので、何が良くないのかを正確に説明できる職員は必ずしも多くありません。

　ハラスメントとは、英語の「Harassment」に由来する「嫌がらせ、いじめ」のことを言います。

　今では、ハラスメントには様々な態様があることが意識され、「セクシュアル・ハラスメント」「パワー・ハラスメント」「マタニティ・ハラスメント」「カスタマー・ハラスメント」などその類型は30以上に上るとも言われています。また、従来の定義や評価が見直され、これまでは該当しないと思われていた行為がハラスメントと位置付けられる例もあります。特定の類型に属さなくても、**個人の人格や人権を侵害し、職場環境を悪化させる行為は、広くハラスメントとして非難される可能性があるのです。**

❗ ハラスメントが引き起こすダメージ

〈1. 被害者の人格や人権が侵害される〉

　ハラスメントは、被害者の心、身体、そしてキャリアに重い傷を負わせます。ハラスメント防止の最も重要な意義がここにあることは、言うまでもありません。

《 2. 職場環境が悪化し、業務効率が落ちる 》

　ハラスメントは、職場環境の悪化、業務効率の低下といった形で周囲にも影響が及びます。直接ハラスメントを受けていない職員でもこのような形でハラスメントの被害者となる可能性があるのです。

《 3. 自治体に対する住民や職員の信頼が失われる 》

　ハラスメントへの対処が遅れると、職員の自治体への信頼が揺らぎます。被害者が自治体に対して賠償責任を追及することもあります。また、ハラスメントの事案がマスコミに取り上げられると、住民からの信頼にも悪影響が出ます。

《 4. 加害者に重いペナルティが課される 》

　加害者には、懲戒処分のほか、損害賠償などの民事上の責任、行為の態様によって暴行罪、名誉毀損罪、強制わいせつ罪などの刑事上の責任を追及される可能性があります。

5-2 迅速な対応がカギ！ ハラスメントを察知したら／見聞きしたら

❗ ハラスメントを察知する

ハラスメントによる被害の拡大を防ぐには、迅速な対応が最も効果的です。そして、迅速に対応するには、できるだけ早くハラスメントの存在を察知することが必要です。ハラスメントへの察知が遅れないよう、「察知を遅らせてしまう要因」を知っておきましょう。

❴ 1. ハラスメントのタイプによる発覚の遅れ ❵

①他人も見ている前で行われるタイプ（例：職場での叱責）

特徴：加害者の自覚は薄いが、発覚は早い。

②人目の届かない場所で行われるタイプ（例：密室でのセクハラ）

特徴：加害者に自覚があるケースが多いが、発覚しにくい。

②のタイプのハラスメントは、被害者が誰かに相談をしない限り発覚しにくいという特徴があります。「目に見えないからハラスメントはない」とは言い切れない点に注意が必要です。

❴ 2. 思い込みによる発覚の遅れ ❵

「セクハラの被害者は女性だけ」「パワハラの加害者は上司だけ」などと思い込んでしまうと、ハラスメントの察知が遅れてしまいます。ハラスメントはどこででも発生し、誰もが被害者にも加害者にもなる可能性があると覚えておきましょう（次項以降で具体的に説明します）。

80

《 3. 周囲が目をそらしてしまうことによる発覚の遅れ 》

　ハラスメントを見て見ぬ振りをすれば、傍観者も加害者と同様に非難を受けます。無意識に目をそらさぬよう、ハラスメントを察知するアンテナを常に働かせておきましょう。

！ ハラスメントを受けたら、見聞きしたら

《 1.「No」の意思表示をする 》

　あなたがハラスメントを受けたと感じたら、まずは相手に「No」の意思を明確に示しましょう。加害者に自分が加害者である自覚がないケースが多いので、ハラスメントが止む可能性があります。

《 2. 上司や人事部門の窓口に相談する 》

　加害者に「No」を示すことが難しい状況も少なくありません。そうした場合には、できるだけ早く上司等に相談をしましょう。

　同僚がハラスメントを受けたときは、その同僚（被害者）に上司等への相談を促しましょう。力になってあげましょう。

　しかし、被害者に「人に知られたくない」意向がある場合は、勝手に上司等に相談はできません。知られたくない秘密を漏らしたとして、あなたも加害者になってしまうかもしれません。

　ただし、行為の悪質性や被害の重大性から、被害者の意向に反してでも上司等に相談しなければいけないケースもあります。被害者の意向を親身に、根気よく聞きながら、できるだけ被害者自身の意思で上司等に相談をするよう促すことが最善です。

《 3. 記録を取る 》

　行為がハラスメントに当たるのかを明らかにするほか、事件が訴訟に発展した際に証拠にもなります。時系列での記録（メモ）やICレコーダーによる録音が有効です。

5-3 身近に潜む セクハラの危険

！ セクシュアル・ハラスメント＝セクハラとは

　セクハラとは、次の行為を言います（人事院規則10－10第2条1項。一般的に自治体の基準に準用されています）。

①他の者を不快にさせる職場における性的な言動
②職員が他の職員を不快にさせる、職場外における性的な言動

　職員に対してであれば職場外でもセクハラになり、職場であれば職員以外に対してもセクハラになる点に特徴があります（なお、民間に適用される定義について、男女雇用機会均等法11条参照）。身体的な接触や性的なからかいといった典型的な行為のほか、次のような行為もセクハラと位置付けられます。

・性別を理由とした差別的取り扱い
　例：上司に女だからお茶汲みをしろと命令された。
　　　男性にだけ時間外勤務を命じた。
・性的指向・性的自認に関する行きすぎた言動
　例：LGBTであるという趣旨のことを言いふらされた。

　セクハラは、「男性から女性」に限らず、「女性から男性」や「同性間」でも起こり得ることに注意が必要です。また、行為の態様によっては、セクハラであると同時に、パワハラやマタハラに当たります。
　セクハラか否かは、まず平均的な人の感覚を基準に判断されます

が、実際に行為を受けた人の受けとめ方・感じ方にも左右されます。もしあなたが性的な言動をされて不快に感じたのであれば、一般的な類型に当てはまらなくても、その行為はセクハラかもしれません。そんなときは躊躇せず、前項で紹介した行動を起こしましょう。

！ 加害者にならないために

　セクハラは性的な感覚の違いから発生する例が多いので、**誰もが被害者にも加害者にもなる危険性があります**。よく耳にする「そんなつもりはなかった」「自分は違うと思った」などという加害者の弁明は、このことをよく表しています。

　加害者にならないためには、自分の無意識の行動や偏見に自分自身で気付かねばなりません。自分を省みるため、折に触れ、自分自身にこう問いかけてみましょう。

・上司の家族に同じ言動をできるか？
・自分の家族や友人が他人から同じ言動を受けても許せるか？
・職場の同僚みんなが見ている前で同じ言動をできるか？

5-4 あなたの自治体のパワハラ対策は？

❗ パワー・ハラスメント＝パワハラとは

　パワハラとは、次のような行為を言います（人事院規則10－16第2条。一般的に自治体の基準に準用されています）。

> ①職務に関する優越的な関係を背景として行われる。
> ②業務上必要かつ相当な範囲を超える言動であって、
> ③職員に精神的若しくは身体的な苦痛を与え、職員の人格若しくは尊厳を害し、
> ④又は職員の勤務環境を害することとなるもの。

　①の「優越的な関係」は、上司から部下への力関係に限らず、能力、経験、性格の相違から生じる**「部下から上司」への関係**や、**「同僚同士」の関係**も含まれます。また、セクハラと同様に、女性の上司から男性の部下、女性の同僚同士間などあらゆる性別間で発生する可能性があります。

　②は、職場での指導、叱責、育成の一環として行われる行為は、「必要かつ相当な範囲」に収まるレベルであればパワハラに当たらないとの判断の余地が残されていることを意味しています。この点は、セクハラには見られない特徴です。

　④の趣旨は、パワハラによって勤務環境が悪くなれば、パワハラを直接受けていないその職場の職員も、パワハラの被害者となることを意味しています。

❗ パワハラを受けたら、見聞きしたら

パワハラを受けたり、受けている人を見聞きしたら、信頼できる人への相談などの行動を迅速に起こすことが必要なのは、セクハラの場合と同様です。

パワハラの加害者はセクハラの加害者以上に、自分の行為がハラスメントに当たるという意識が希薄な傾向があります。そのため、自治体として「その行為はパワハラである」と明確に加害者に伝えない限り、行為が収まらない可能性もあります。そうした意味からも、「パワハラかも」と感じたら、できるだけ早く信頼できる人に相談しましょう。

❗ 自治体のパワハラ対策を知る

あなたの自治体で行われている管理職向けのパワハラ研修の資料を入手してみましょう。自分の自治体がパワハラをどう考え、どう対処しているのかを知っておくことで、自らが加害者になることを防ぐことができるだけでなく、被害者となった際の心得にもなります。

	パワハラの6類型
①	身体的な攻撃
②	精神的な攻撃
③	人間関係からの切り離し
④	過大な要求
⑤	過小な要求
⑥	個の侵害

（厚生労働省HP「あかるい職場応援団」参照）

5-5 マタハラで職員と職場が傷つく前に

❗ マタニティ・ハラスメント＝マタハラとは

　マタハラとは、妊娠、出産・育児休業等に関する嫌がらせや不利益な取り扱いのことを言います。こうした行為は、男女雇用機会均等法11条の3、育児・介護休業法25条、25条の2において禁止されています。また、マタハラをした職員は、自治体の基準によって懲戒処分を科される可能性があります。

　マタハラは、比較的最近になって社会的に意識されるようになりました。しかし、男女が平等な活躍の機会を得るとともに、少子化の流れの中で仕事と子育てが両立できる職場環境を整えるために、マタハラを防止する意義は大きくなっていると言えます。

　ある自治体の管理職が、妊娠した女性職員に「妊娠のタイミングが最悪だ、職場に迷惑がかかるのが分からないのか」といった発言をし、懲戒処分を受けたという報道がありました。少ない職員で仕事をやりくりする管理職がつい発してしまったのかもしれませんが、「そうかもしれない」と思ってしまった方は要注意です。

　妊娠や出産を心から祝福し、職場全体で応援し、女性職員はもちろんのこと男性職員であっても**妊娠、出産・育児休業等に関する制度を気兼ねなく利用できる職場環境**こそ、私たちが目指すべき職場や自治体のあり方なのです。

　マタハラには次のような類型があります。

《1. 制度等の利用への嫌がらせ型》

　男女雇用機会均等法、育児・介護休業法で認められた出産・育児・介護に関連する制度の利用を阻害しようとするタイプの嫌がらせです。

- ・産前、産後の休業の取得
- ・育児休業の取得
- ・子どもの看護休暇の取得
- ・時間外労働の制限

こうした制度の利用を理由として

- ・昇給等を不利に扱うことをほのめかす。
- ・制度の理由を阻害する言動をする。
- ・仕事を与えないで、雑務ばかり割り当てる。
- ・利用することに関して嫌味を言う。

こうした言動をした場合、違法となる。

《2. 状態への嫌がらせ型》

出産・育児による就労環境の調整を害するタイプの嫌がらせです。

- ・妊娠・出産
- ・産前、産後の休業の取得
- ・育児休業の取得
- ・子育てのため時間外労働、深夜業をしない。

こうした行為を理由として

- ・降格、降級
- ・賞与の減額（不利な査定）
- ・不利益な人事評価
- ・不利益な人事異動

こうした不利益な取り扱いをした場合、違法となる。

ハラスメントと冤罪事例

もう10年以上前になりますが、痴漢事件を題材とした映画が話題になりました。主人公は、痴漢をしていないにもかかわらず痴漢として警察に突き出され、ついには裁判で有罪（実刑）が確定してしまうというストーリーでした。

このような主人公の境遇を「冤罪」と言います。法令用語ではなく、厳密な定義はありませんが、過酷な取り調べが常態化していた昔の事案だけでなく、近年でも厚生労働省事務次官に誤った嫌疑がかけられた「障害者郵便制度悪用事件」や、ネパール人被疑者が収監された「東京電力〇L殺人事件」などが冤罪の事案として知られています。

ハラスメント行為をしていない人がハラスメントをしたとして処分を受け、職場や社会で居場所を失ってしまったとしたら、これも一種の冤罪と言えるかもしれません。

ハラスメント事案の調査では、どうしても被害を申告する人の心情や証言に重きをおきがちです。

また、実際に被害者の話を聞いてみると、「ハラスメントとまでは言えないのではないか」といった印象を持つこともありますが、話を聞いた印象だけで頭ごなしに否定してしまうと申告者に二次被害を与えてしまうおそれもあるので、慎重な対応が重要です。

ハラスメント被害の申告があったときには、申告者の心情に寄り添いつつ、しかし、加害者を決めつけることはせず、双方から詳しい事情を聞く必要があります。できるだけ証拠に基づいて判断することが重要ですが、証拠がない場合でも、一方の証言だけで決めつけないよう慎重な判断が求められます。

6章

⚡「弁償しろ！」にヒヤリ！⚡

自動車事故の
法的トラブル

　私たちの生活に欠かせない自動車は、自治体の業務にとっても不可欠な存在です。しかし、その利便性は、法的トラブルのリスクと背中合わせでもあります。

　自動車事故は起こさないことがもちろん最善ですが、事故をゼロにすることは不可能でしょう。ここでは、事故を起こさない心構えと、起きてしまっても被害を拡大させない対処法を探っていきます。

6-1 自動車事故の法的トラブル

事件です！

　Yくんは公用車で作業現場に向かっていました。残業続きのせいか、眠気を感じながら運転をしていたところ、よそ見をした瞬間に信号待ちで停車している車に追突してしまいました。

　安全なところに車を止めて降車すると、追突された車から若い女性が降りてきました。Yくんは一瞬、「怖い人じゃなくて良かった」と気を緩めました。しかし、その女性は「首を打ったせいで腕がしびれる」「会社を経営しているので休業補償が必要だ」「この車のパーツは特注品で数十万円する」などと畳み掛けてくるので、Yくんはすっかり青ざめてしまいました。

❗ 自治体の事故の大半は自動車事故

　自治体で発生する「事故」の大半は、自動車事故です。自動車は、自治体の業務に欠かすことができません。その分、どうしても事故の件数も多くなってしまうのです。公務中に発生した自動車事故の場合、相手方への賠償責任は原則として自治体が負担し、職員が個人で責任を負うことはほとんどありません（国家賠償法1条、**8-7**参照）。また、賠償金は保険から支払われる例がほとんどです。

　しかし、事故の内容によっては、自治体が負担した賠償額の一部が職員に求償されることがあります（同法2条）。また、職員に懲戒処分や、運転免許の効力停止（道路交通法103条1項）などの行政処分、過失運転致死傷罪（自動車運転死傷行為処罰法5条）などの刑事罰が科される可能性があります。

　あなたが業務で自動車を運転する可能性があるならば、万が一に備えて、事故対応のポイントを押さえておきましょう。

❗ 法的トラブルの確認ポイント

　次項からは、自動車の運転と事故処理に関するポイントを見ていきます。その順序と主な内容は、次のとおりです。なお、飲酒運転に関する職員の責任については、**4-5** を参照してください。

> ①自動車事故防止の基本（**6-2** 参照）
> ②被害の拡大を阻止するための現場対応（**6-3** 参照）
> ③事件を解決するための示談交渉（**6-4** 参照）
> ④事件解決に向けた自治体のルール→議会の議決（**6-5** 参照）

6-2 自動車事故防止の基本

！ 自動車事故の「怖さ」

　前項の事例を見て分かるように、自動車事故には、自治体と職員に降りかかる責任の重さといった怖さだけでなく、事故の相手がどんな人物かは事故が起きるまで分からないというもう一つの怖さがあります。事故の相手がどんな人物かによって、交渉の難しさだけでなく、負うべき責任の内容や賠償額も大きく変わってくるからです。

　一般に「相手が避けてくれるだろう」という思い込みで運転すると事故を起こしやすく、「相手は避けてくれないかもしれない」と予測しながら運転すると事故を起こしにくいと言われています。前者を**「だろう」運転**、後者を**「かもしれない」運転**と言うことがあります。「かもしれない」運転は、見知らぬ相手の予想外な動きを怖がる心理状態に基づいています。そうした事故への恐怖心が事故の危険性からあなたを救ってくれるわけです。

　自動車事故は、一定速度での走行中や直進中といった車体の挙動

が安定しているときに多く発生する傾向があると言われています。これは、加速時やカーブを走行するときは緊張感が生じるのに対し、一定速度での走行時や直進時には油断が生じやすく、わき見運転や「ながら」運転をしてしまいがちであることを示唆しています。

　特にここ数年は、スマホを操作しながらの運転を原因とする事故が激増しています。これに対処するため道路交通法が改正され、携帯電話等で通話をしたり画面を見ながら運転したりした場合の罰則が強化されました（71条5号の5、117条の4第1号の2、118条3号の2）。「ながら運転」により交通の危険を発生させた場合には、1年以下の懲役または30万円以下の罰金、危険を発生させなかったとしても6ヶ月以下の懲役または10万円以下の罰金を科される可能性があります。

　運転中の油断は、事故だけでなく、刑事罰にもつながる可能性があることを忘れないでください。

❗ 自動車事故を回避せよ！

　「回避せよ」と言っても、事故現場から逃げろということではありません。事故のリスクを徹底的に回避しようという話です。

　自動車を運転していると、油断してしまうだけでなく、退屈してしまうことやイラっとすることも少なくありません。ここに法的トラブルの火種が隠れています。**どんなに小さい事故であっても、その処理に追われる労力と比べれば、退屈やイライラなど取るに足りません**。眠かったら自動車を運転しない、運転を代わってもらう、退屈したら休憩する、イライラしたらその場を離れる、自分なりの気分転換の方法を用意しておく……etc.。

　とにかく、事故は絶対に起こさないこと。ここが肝心です。

6-3 現場対応チェックリスト

⚠ 自動車事故発生時の対応チェックリスト

　ほとんどの自動車事故は前触れなく発生します。いざというとき落ち着いて対応できるように現場対応の基本を確認しておきましょう。

	行　動	対　象
①	周囲の状況を確認し、安全な場所に車を停める。	周　囲
②	深呼吸をして落ち着く。	自　分
③	けが人の救護を行い、必要に応じ救急車を要請する。	人
④	物的損害(車、道路、施設、民家等)の有無を確認する。	物
⑤	事故を警察に通報する。	警　察
⑥	事故の状況を所属課に報告する。	自治体
⑦	事故現場の状況を確認し、可能な限り記録を取る。	周　囲
⑧	相手方と連絡先を交換する。	相手方

1.周囲の状況を確認し、安全な場所に車を停める
2.深呼吸をして落ち着く

　事故発生直後は現場全体が興奮状態にあります。深呼吸をして気持ちと頭を切り替え、被害の拡大を防止するために必要な行動を起こします。事故現場が高速道路上や見通しが悪い場所である場合は、発煙筒や三角表示板を使って周囲に事故の発生を知らせます。

3. けが人の救護を行い、必要に応じ救急車を要請する

同乗者、相手方、通行人などにけが人がいないか確認します。けが人がいる場合、意識と呼吸を確認し安全な場所へ移動させます。ただしけが人は、むやみに動かすと危険なこともあります。いずれにせよけが人がいる場合には、躊躇せず救急車を呼んでください。

4. 物的損害（車、道路、施設、民家等）の有無を確認する

事故のはずみで付近の施設等を壊してしまえば、それらを修理するための費用も賠償の対象となる可能性があります。

5. 事故を警察に通報する　※　4と逆になる場合もあり。

6. 事故の状況を所属課に報告する

事故の当事者には、警察への報告義務があります（道路交通法72条）。「5W1H」を意識し、的確な報告を心掛けましょう。また、あなたが出先の職員から事故の連絡を受けたときには、「5W1H」に沿った報告ができるよう誘導してあげてください。

7. 事故現場の状況を確認し、可能な限り記録を取る

示談交渉では、信号の色、車の速度など、事故発生時の状況が争点となり、賠償額にも影響を及ぼします。事故の相手や目撃者に聞く、ドライブレコーダーを確認する、現場を撮影するなどして、現場の状況を可能な限り詳しく、正確に記録しておきます。

8. 相手方と連絡先を交換する

事故は原則として示談によって解決するので、不用意な謝罪や口約束は禁物です。うかつな謝罪は責任を認める発言と捉えられ、その後の交渉が難しくなってしまうこともあります。真摯な態度で接しつつ、保険会社等と相談の上で連絡する旨を伝え、連絡先（課の直通番号など）を交換しておきましょう。

自動車事故を解決する方法

「示談」って何？

！ 示談に向けて

　裁判などの公的な紛争解決方法によらず、当事者間の合意によって事件・事故を解決することを**示談**と言います。

　当事者間で過失割合や賠償額に関する交渉（**示談交渉**）が合意に達したら、示談書を作成し、互いに押印し、取り交わすことによって示談が成立します。ただし、自治体が関係する事故の場合、示談の内容によっては、示談の締結に先立って議会の議決が必要となります。議会の議決については、次項で説明します。

！ 示談交渉の担い手

　一般的な保険契約では、保険会社は、自治体側に過失があることを前提とする事故や、自治体側の過失の有無に争いがある事故の示談交渉を担当します。逆に、**自治体側に過失がないことを前提とする事故**（適切な場所に駐車していた公用車に相手の車が不注意で衝突したような事故）**の場合、保険会社は示談交渉を担当しません。**つまり、職員が、直接相手方（本人、弁護士、保険会社等）と交渉することになります。

　また、保険会社が示談交渉を担当する場合でも、お見舞いや示談の手順の説明、示談書の取り交わしなどは、保険契約の内容に含まれていないので、やはり職員が行わなければいけません。一般的には、課の係長クラスの管理職や庶務担当者が窓口となる例が多いようです。

示　談　書

　A市(以下「甲」という。)と●●●●(以下「乙」という。)は、下記の事故に係る損害賠償について、次のとおり示談する。

記

1　事故発生日時
　　令和2年4月1日　午後1時30分頃
2　事故発生場所
　　A県A市A町1丁目10番地先
3　事故の内容
　　上記日時及び場所において、甲の職員の運転する車両が乙の車両と接触し、甲及び乙の車両の損傷したものである。
4　示談の条件
　⑴　乙は、甲に対し、本件事故により生じた損害に対する一切の賠償金として、金××××××円の支払義務のあることを認め、同額を支払う。
　⑵　甲及び乙は、今後いかなる事情が生じても前号の金額以外には、損害賠償その他名目の如何を問わず、互いに一切の請求をしない。

　この示談の成立を証するため、示談書を2通作成し、甲乙記名押印の上、各自その1通を保有する。
　令和2年10月1日
　　　　　　　　甲　　A市　代表者　市長　　　　○○○○
　　　　　　　　乙　　A県A市A町2丁目　　　　●●●●

6-5 事故の解決と議会の議決

！ 示談の締結と議会の議決

　示談の内容に、自治体と相手方が互いに譲り合う部分がある場合や自治体の損害賠償義務が含まれる場合、その示談を締結するには、議会の議決が必要になります（地方自治法96条1項12号「**和解**」、13号「**損害賠償額の決定**」）。

　自治体によっては、一定の議決事項を**専決処分事項**として指定し、議決なく長が処分することを認めています。次のような指定がされている場合を例に事務の流れを見てみましょう。

> 　市長において専決処分することができる事項を次のとおり指定する。
> 　<u>1件50万円以下</u>に係る損害賠償額の決定及び和解に関すること。

《 1. 自治体の賠償額が50万円以下である場合 》

　市長は、議会に諮らず示談を締結し、後の議会で専決処分したことを議会に報告します（地方自治法180条参照）。

《 2. 自治体の賠償額が50万円を超える場合 》

　市長は、和解の締結を諮る議案を議会に提案し、議決を得てから相手方と示談を締結します。

　なお、下水道、交通、病院など地方公営企業法が適用される事業に関する事故の場合、同法40条2項により条例で定めるものに限

り議決が必要となります。例えば、条例で50万円以上の賠償額の決定には議決が必要であると規定している場合、賠償額が50万円以上の場合は議決が必要となり、同額未満の場合は議決が不要となります。

！ 賠償金の支払い

示談を締結し、その内容に沿って賠償金の支払いがされると、ようやく事件は解決します。

賠償金の支払いについては、本来、自治体のお金の出入りは全て予算に反映させなければいけないので（**総計予算主義**。地方自治法210条）、自治体が被害者に支払いをし、その分を保険で穴埋めするという段取りを踏まなければいけないはずです。しかし、自動車事故の場合、被害者が保険会社に直接支払いを請求することが認められているので（自動車損害賠償保障法16条）、例外的に自治体の予算を通さずに支払いを行うことができます。

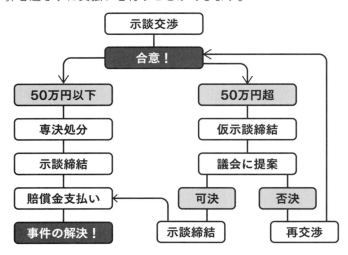

6-6 あおり運転から身を守るために

まさか自分が!?

⚡ 事件です! ⚡

　Yくんが公用車で高速道路を走っていた際、後ろから来た車が Yくんの車を追い越し、目の前で減速し始めました。何が起こったか分からないまま、Yくんが前の車を追い越そうと車線を変更すると、前の車も車線を変更してYくんの進路を塞ぎました。Yくんは、自分が嫌がらせを受けていることに気が付きました。

❗ あおり運転とは

　あおり運転とは、他者に恐怖感や威圧感を与える自動車、自転車等の運転方法を言います。平成29年6月5日に神奈川県の東名高速道路上で発生した死亡事故がきっかけとなって社会問題となり、道路交通法の改正により罰則が規定されました（117条の2の2第11号、117条の2第6号）。

　処罰の対象となる妨害行為は、次のとおりです（令和2年6月8

日「政府広報オンライン」より）。

(1)　車間距離を極端に詰める（車間距離不保持）
(2)　急な進路変更を行う（進路変更禁止違反）
(3)　急ブレーキをかける（急ブレーキ禁止違反）
(4)　危険な追い越し（追越しの方法違反）
(5)　対向車線にはみ出す（通行区分違反）
(6)　執ようなクラクション（警音器使用制限違反）
(7)　執ようなパッシング（減光等義務違反）
(8)　幅寄せや蛇行運転（安全運転義務違反）
(9)　高速道路での低速走行（最低速度違反）
(10)　高速道路での駐停車（高速自動車国道等駐停車違反）

❗ あおり運転に遭遇したら

①周囲の状況を確認する。
②安全な場所に車を停め、ドアをロックする。
③警察に通報する。

　あおり運転に遭遇した際は、それに起因する事故に巻き込まれないことと、不用意に車外に出て相手から暴行等を受けないことが大事です。安全な場所に停車して警察に通報したら、警官が現場に到着するまで、ドアをロックした車内で待ちましょう。

　なお、たとえ通報のためでも運転中にスマホ等を使用することは、道路交通法で禁止されている（⑥-2参照）ほか、それ自体が事故の原因となる可能性があります。通報は、やむを得ない場合を除き、停車してから行うか、同乗者にしてもらうようにしましょう。

6-7 施設事故の場合の対応

❗ 自治体で起きる事故

　自治体では自動車事故のほかにも、次のように様々な事故が発生します。その解決に向けた流れは、自動車事故とおおむね同様です。

> ・歩行者が、公民館の車止めチェーンに足を掛けて転倒した。
> ・自転車が、県道の陥没箇所で転倒し、運転者がけがをした。
> ・区の管理する公園の樹木の枝が落下し、子供がけがをした。
> ・村営の保育所で園児が遊具から落ちてけがをした。

　これらの事故により自治体が負う賠償責任をカバーするため、施設での事故に対応した**施設賠償責任保険**をはじめとして、道路、病院、保育所等事故が発生する場面に特化した保険など、様々な保険が用意されています。あなたの所管課ではどのような保険が掛けられているのか、どんな内容なのかを確認しておきましょう。

❗ 事故発生時の対応チェックリスト

　事故によっては、現場に職員が居合わせず、第一報が被害者や関係者からもたらされることもあります。事故内容に応じて、現場に向かう職員と電話対応をする職員とで役割を分担しましょう。電話対応では、相手方から「5W1H」（1-4、6-3参照）が整うように、必要な情報を聞き出すといった対応が必要になります。

> ①けが人はいますか。病院には行きましたか。
> ②事故はいつ発生しましたか (When)。
> ③場所はどこですか (Where)。
> ④けが人はどなたで、ほかに誰が現場にいましたか (Who)。
> ⑤どんな施設・設備が原因で事故が発生しましたか (What)。
> ⑥けがをした状況を教えてください (Why+How)。

　自動車事故の場合と同様に、被害者から謝罪を求められ、慰謝料や治療費の支払いはいつになるのか詰め寄られることがあります。基本的な手続の流れを説明し、被害に関するお見舞いを述べた上で、詳細は担当者から折り返すとして、一旦話を切り上げましょう。気をつけたい応答としては、次のようなものがあります。ただし、もちろんケースバイケースです。

・「即答しかねます」 ・「関係部署と検討して回答します」 ・「保険会社とも相談して対応します」	・「(できないのに) 何とかします」 ・「損害は保険から支払います」 ・「○月○日頃には支払います」
→職員の言質ではなく、組織の判断で動くことを明確にしておきましょう。	→確約は危険です！　随時連絡するという約束がベターです。

　示談に基づく賠償金の支払いについては、総計予算主義 (⑥-5 参照) に従い、予算に計上してから支払う必要があります。その支払い額は、後日、保険会社から保険金によって補塡されます。この点の事務の流れは自動車事故と異なるので注意してください。

「あかほん」は入試問題集にあらず

　自治体法務の世界でよく使われる「業界用語」をちょっとだけ紹介します。なお、全国共通とは限りません。

・「さいはん」
　最高裁判所の判決、「最判」のことを言います。Supreme Courtを略して「SC」と表記することもあります。
・「ぎょうじつ」
　行政上の疑義について上級官庁が示した見解、「行政実例」のことを言います。自治体の事務が拠るべき根拠としては、法令、判例に次いで重要です（⑨-**3**参照）。
・「ぎょうしんほう」「ぎょうふく」
　審査請求について規定した「行政不服審査法」を略してこのように言います。
・「あかほん」「あおほん」
　示談の重要な要素となる過失割合の基準を示した「民事交通事故訴訟損害賠償額算定基準」（公益財団法人　日弁連交通事故相談センター東京支部編）と「交通事故損害額算定基準」（公益財団法人　日弁連交通事故相談センター本部編）のことで、装丁の色にちなんで前者を「赤本」「赤い本」、後者を「青本」「青い本」などと言います。

　こうした用語は、仲間内で使うには非常に便利ですが、自治体外部の人、特に事故や事件の相手方とのやり取りでは使わない方が良いでしょう。「無礼だ」「不謹慎だ」と思われてしまうかもしれません。

7章

⚡「審査請求します」にヒヤリ！⚡
審査請求の
しくみと方法

審査請求は、住民が行政に対する不満を法的に争う最も手近なツールであるとともに、自治体にとっては、処分が適法で適切であることを再検証する機会を与えてくれる手続でもあります。

審査請求の対応の仕方は、住民監査請求や訴訟にも応用が効くものが多いので、争訟の基本として、そのしくみの全体を押さえておきましょう。

※本章では、特に断りのない限り、条文は行政不服審査法からとします。

事件です！

審査
請求
するぞ!!

　Yくんは、A市福祉事務所に勤務する生活保護担当のケースワーカーです。ある日、受給者であるBさんに保護費の通知書を渡したところ、「働いてもその分保護費から差し引かれるのはおかしい」という抗議を受けました。Yくんは、「保護費は最低限の生活に不足する分を補うものなので、収入があればその分減るのは当然です」と説明しましたがBさんは納得せず、最後に「審査請求を提起する」と言って去っていきました。

❗ 審査請求とは

　Ｙくんが手渡した通知書には、「福祉事務所長がＢの翌月の保護費を〇〇円に決定した」という趣旨の記載がありました。Ｂさんは、この決定に不服があるようです。このような決定を**処分**といい、処分に対する不服の申立てを**審査請求**と言います。

　審査請求に関する基本的な手続は行政不服審査法に定められていますが、生活保護法、国税徴収法など個別の法令に特則が規定されています。詳しい内容まで確認しておかなくても良いので、自分が担当する事務に適用される特則はないか、法文で確認しておきましょう。

　具体的な説明に入る前に、キーワードを確認しておきましょう。

①**処　分**　住民等に一方的に公法上の効果を生じさせる行為。

②**行政庁**　自治体の意思を決定し、表示する機関。知事、市長、教育長、福祉事務所長等が挙げられます。

③**処分庁**　審査請求の対象となる処分を行った行政庁。処分通知の発出元として表示されます。

④**審査庁**　審査請求の審理を担当する行政庁。法や個別の法律で定められています。

⑤**審理員**　審査庁から審理手続担当として指名された者。法規担当課長や弁護士が指名される例が見られます。

⑥**弁明書**　処分庁が、審査庁の求めに応じ、処分が適法で妥当であることを弁明するため提出する書面。

　なお、審査請求は、処分のほかに不作為（法令に基づく申請に対して何も処分しないこと）も対象となりますが、本書では件数の大半を占める「**処分に対する審査請求**」を題材に説明します。

7-2 処分への苦情や相談から見える不満

❗ 不満の兆候

実務では、何の前触れもなく審査請求が提起されることはあまりなく、大抵は処分に対する相談や苦情が先行します。次のような相談や苦情があったら、審査請求が提起される可能性があるので、事情をよく聞き、処分について丁寧に説明した上で、審査請求の手順についても説明していく必要があります。

- 住民税の課税の通知が届いたが、金額に納得できない。
- 公民館の使用料の免除を申請したが、認められなかった。
- 要介護認定を受けたが、介護度に不満がある。
- 保育園の入所を申し込んだが、不承諾となって困っている。
- 公文書の公開を求めたが、存在しないとして不開示とされた。

❗ 処分に当たるか

審査請求の入口として、請求の対象が「処分」に当たるかどうかを判断しなければいけません。過去に繰り返し審査請求が提起されたものであれば迷いませんが、そうでなければ、その都度判断せざるを得ません。

一つの目安は、処分を知らせる通知書に右の例の下線部のような**「教示」が記載されているかどうか**です。ただし、教示がなくても審査請求を提起できる場合もあるので、判断に迷ったときには法務

部門と協議しましょう。

保護決定通知書

令和２年12月１日

Ｂ殿

Ｙ市福祉事務所長　　○○　○○

生活保護法による保護を次のとおり決定したので通知します。

記

1　決定年月日及び決定した理由
2　保護の種類及び程度
3　今後の支給にあたり調整する額

（教示）
　この決定に不服があるときは、この決定があったことを知った日の翌日から起算して３か月以内に、Ａ市長に対して審査請求をすることができます（なお、この決定があったことを知った日の翌日から起算して３か月以内であっても、この決定の日の翌日から起算して１年を経過すると審査請求をすることができなくなります。）。
　この決定については、決定の取消しの訴えを提起することができず、上記の審査請求に対する裁決を経た場合に当該裁決に対してのみ取消しの訴えを提起することができます。

　請求の対象が処分には当たらない場合、請求の中身の審査に入る前に、形式的審査（請求書の記載事項や審査請求の要件に関する審査）の段階で、請求を却下することとなります。

7-3 まずは記載事項を チェック

！ 審査請求書の記載事項

　法令上、審査請求書として定められた様式はありません。次の事項が漏れなく記載されていれば、審査請求書としては適法となります（19条2項）。

> ①審査請求人の氏名又は名称及び住所又は居所
> ②審査請求に係る処分の内容
> ③審査請求に係る処分があったことを知った年月日
> ④審査請求の趣旨及び理由
> ⑤処分庁の教示の有無及びその内容
> ⑥審査請求の年月日

　なお、「不作為」に対する審査請求の場合は、記載事項が異なるので注意してください（同条3項）。

〔1. 記載事項が漏れなく記載されている場合〕

　請求書を受理します。審査請求人には、審査庁が審理員を指名した後に、審理員からその通知が届く旨を伝えておきましょう。

〔2. 記載事項に漏れがあった場合〕

　審査請求書の補充・訂正をしてもらった上で受理します。訂正があったことを明確にするため、訂正箇所に訂正印を押してもらうと良いでしょう。

　受理した審査請求書は、形式的審査のため審査庁に送ります。審

査請求人には、審査庁から審査請求書の補正を求められる場合があることを伝えておきましょう。審査請求書に必要な補正がされない場合や審査請求の期限が過ぎている場合、そもそも「処分」に当たらない場合などは、審査請求は却下されます。

　なお、従前は審査請求書に請求人の押印が必要とされていましたが、令和3年2月15日に、この押印は廃止されました（行政不服審査法施行令4条2項）。

審査請求書

　　　　　　　　　　　　　　　　　　　　令和2年12月1日

（審査庁）A市長

　　　　　　　　　　　　　　　　　　審査請求人　X

　次のとおり審査請求をします。

1　審査請求に係る処分
　　令和2年11月1日付けA市長のYに対する○○金不交付決定
2　審査請求に係る処分があったことを知った年月日
　　令和2年11月3日
3　審査請求の趣旨
　　上記1に記載の決定処分を取り消すとの裁決を求める。
4　審査請求の理由
　　上記1の決定処分は、違法である。その理由は……
5　処分庁の教示の有無及びその内容
　　「この決定処分に不服があるときは……」との教示があった。
6　添付書類

7-4 審査手続の進み方

！ 審理の始まり

　審査庁は、審査請求書の形式的審査が完了すると、審理を担当する**審理員**を指名し、その旨を処分庁と審査請求人に通知します（9条）。いよいよ審査請求の本審査（審理）が始まります。

　処分から裁決までのおおまかな流れは右の図のとおりです。ただし、個別の法令の特則により、固定資産税の評価に対する審査請求は固定資産評価審査委員会が審査庁となることや、情報公開の不開示決定に対する審査請求は、審査庁の審理の後で情報公開審査会の諮問・答申が行われるなどの例外があるので注意してください。

！ 所管課の対応

　所管課では、弁明書の作成や口頭意見陳述の準備として、

①処分に関する法令等の根拠の確認

②処分庁と審査請求人との間の事実関係の洗い出し

を進めます。後から「そういえばこんなこともあった」とか「実はこういう事実もあった」ということのないよう、処分に関する法令の規定、それらの規定を審査請求人に適用したこと、時系列に沿った過去の交渉の経緯など、漏れがないように整理しておきましょう。

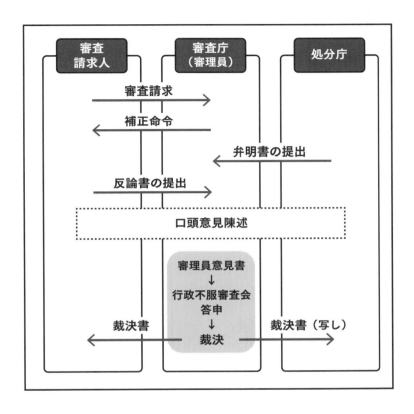

　上の図では、当事者間のやり取りは反論書の提出で終わっていますが、反論書に対する再弁明書、再弁明書に対する再反論書と、書面による応酬が続く場合もあります。また、審理員から処分庁に対して資料や書面の提出が求められることもあります。

7-5 弁明書のつくり方

❗ 弁明書の作成

　審理が始まると、審理員から処分庁宛に**弁明書**の提出を求める通知が送付されます。通常、2〜3週間程度の期限が設けられます。

　処分庁としては、弁明書の中で、処分は適法かつ妥当であったとして審査請求の棄却を求めていきます（事案によっては却下を求めることもあります）。弁明書の様式や主張の仕方に特に決まりはなく、右のような様式で、おおむね次の点に重点を置いて作成します。

> ① 処分の内容
> ② 処分の理由（処分の根拠、処分に至る経緯など）
> ③ 証拠書類

　弁明書は、裁判の書面にも似た独特の構成や言い回しが使われるので、所管課だけで作成するのは難しい面もあります。必要に応じて法務部門の助言を得ながら進めると良いでしょう。あなたの課で以前にも審査請求が提起されたことがあれば、そのときの弁明書も参考になります。

❗ 審理員はどこを見ている？

　審査請求の事案には、特殊な経過や事情があって紛争に発展したケースが少なくありません。自治体の役割が増大し、住民ニーズの多様化も進むにつれて、審査請求への対応も難しくなってきていま

す。その点から、弁明書に説得力を持たせるには、**処分庁は審査請求人の特殊な事情について、どのように配慮し、対処したのか**という点を厚く論じていく必要があります。

〔文書番号〕
令和2年12月10日

審理員
　○○　○○　様

　　　　　　　　　　　処分庁
　　　　　　　　　　　　A市長　○○　○○　印

弁明書

　審査請求人が令和2年11月10日に提起したA市長による○○決定処分に対する審査請求に関し、次のとおり弁明します。
1　弁明の趣旨
　　「本件審査請求を棄却する」との裁決を求める。
2　処分の内容
　　審査請求人の○○に係る申請に対し、処分庁は、○法第○条の規定を適用し、○○とする処分を決定したもの。
3　処分の理由
　　審査請求人は○年○月○日、処分庁を訪れ……処分庁はこれらの点を踏まえ、審査請求人にこのように対応したものである。
　　以上のとおり、本件処分に違法・不当な点は何ら存在しない。
第4　証拠書類等

　実際の弁明書は、数頁から十数頁以上になることもあります。

7-6 口頭意見陳述、意見書、諮問、裁決へ

❗ 口頭意見陳述

　書面で双方の主張が出尽くしたと思われる頃、審理員は、審査請求人に、「あなたには口頭で意見を述べる機会が認められていますが、希望しますか？」と、口頭意見陳述（31条）の意向を確認します。審査請求人が希望すると、口頭意見陳述が開かれることになります。

　口頭意見陳述には審査関係人が集まり、審査請求人が意見を述べるほか、審理員から審査請求人や処分庁に対し質問がされることもあります。処分庁としては、これまで主張してきた事実をあらためて精査し、整理して、争点に関する質問があったときにスムーズに答えられるように準備をしておきます。

　例えば、想定問答のような形で資料を用意すると良いでしょう。

> Q　審査請求人の〇〇といった特別な事情について、処分庁ではどのような配慮をしましたか？
>
> A　過去の事案や判例を調べたところ、申請を認めると〇〇といった想定外の問題が生じることが分かり、やむを得ず本件処分に至りました。処分庁では、審査請求人に対し、事前にこうした問題点を示し、時間をかけて説明を行いましたが、理解を得ることはできませんでした。

！ 審理員意見書と裁決

　裁決の材料が出揃うと、審理員は審査を終結して、審査庁に**審理員意見書**を提出します。審査庁は意見書を受けると、その内容を**行政不服審査会に諮問**し、その答申を得た上で裁決を行います。

　審理員意見書と行政不服審査会の答申書は、審査請求人と処分庁にも回送されます。意見書や答申書と異なる内容の裁決が下されることはほとんどないので、処分庁に不利な裁決が下される可能性がある場合には、裁決に備えた準備が必要です（次項参照）。

！ 議会への諮問

　審査請求の中には、ここまでの手続のほかに、さらに議会に諮問をした上で裁決をすることが必要なものがあります。地方自治法では、次のような規定があるので、関連する業務を担当する場合は、法文に一度目を通しておきましょう。

- **給与その他の給付に関する処分についての審査請求**（206条）
- **分担金等の徴収に関する処分についての審査請求**（229条）
- **督促、滞納処分等についての審査請求**（231条の3）
- **行政財産を使用する権利に関する処分についての審査請求**（238条の7）
- **職員の賠償責任についての審査請求**（243条の2の2）
- **公の施設（公民館、公営住宅など）を利用する権利に関する処分についての審査請求**（244条の4）

裁決に納得いかない！

審査請求のその先は？

❗ 裁決の種類

審査請求の裁決は**裁決書**によって送付されます。裁決の内容には、おおまかに次の4つのパターンがあります。

1. 請求の認容

請求には理由がある（処分に違法・不当な点がある）ことを認める裁決です。処分の取消しを求める審査請求の場合、処分庁が自ら処分を取り消さなくても、裁決によって直接に処分を取り消す効果が発生します。

2. 請求の棄却

請求には理由がないと認める裁決で、処分庁の処分が適法・適切であることが認めるものです。処分の効力はそのまま維持されます。

3. 請求の一部認容（一部棄却）

請求の内容が可分であって、その一部には理由があり、一部には理由がないと認める裁決です。

4. 請求の却下

審査請求自体が不適法であるとして、請求内容について判断することなく審査を終了する裁決です。請求対象が処分に当たらない、審査請求先の誤り、審査請求の期限徒過などの不備が理由として挙げられます。これらは通常、受付時に判明すれば補正で対応しますが、受付後の審査で不備が判明し、補正では対応しきれないと判断した場合には、却下で対応します。

❗ 裁決に不満があったら

　請求人は、裁決に不服がある場合、**再審査請求**（6条）や**行政訴訟**を提起することができます。但し、行政訴訟では処分の違法性のみ審理の対象となるので、不当性について争うことはできません。一方、処分庁は、裁決に不服があっても、それ以上争うことは認められていません（行政不服審査法52条1項、最高裁昭和49年5月30日参照）。例えば裁決によって自治体の「請求人の申請を認めなかった処分」が取り消された場合には、自治体は、あらためて請求人に対して「申請を認める」処分を行わなければなりません。

　なお、審査請求を経なければ行政訴訟を提起できないことを**審査請求前置主義**と言います。次のものがあげられます。

- **分担金等の徴収に関する処分についての審査請求**
  （地方自治法229条5項）
- **徴収金に関する処分についての審査請求**
  （地方税法19条の12）
- **生活保護の実施機関等がした処分についての審査請求**
  （生活保護法69条）
- **職員に対する懲戒等の不利益処分についての審査請求**
  （地方公務員法51条の2）

　審査請求前置主義の規定が置かれていない事務については、審査請求の前触れなく、突然訴訟が提起される可能性があります（⑧章参照）。処分に対する相談や苦情について、窓口での説明に納得してもらえなかった場合には、もしかすると、ある日突然、裁判所から訴状の写しが送付されてくるかもしれません。

書面力を身につけよう

　訴訟や審査請求では、主張は原則として書面（準備書面、弁明書など）を通して行います。これらの書面の出来・不出来は、紛争の結果を左右することもあります。

　書面には、書き手の実力がはっきり表れます。訴訟の記録などを読んでいると、紛争の終盤に弁護団のボスが書いたと思われる書面に出会うことがあり、その説得力はずば抜けています。

　逆もまた然りです。筆者がお世話になったある弁護士の先生は、よく「書面を読めば、手を抜いて書いたかどうかはすぐ分かる」とおっしゃっていました（筆者が書いた書面の案も冒頭を読んだだけで突っ返されることが少なくありませんでした）。

　私たちは説得力のずば抜けた書面をそうそう書くことはできませんが、日常業務の起案文、上司に頼まれた調べもの、議員に説明するための資料であっても、その説得力はあなたの力の入れ具合で大きく変わってきます。そして、丹精を込めて書面を書き続けることで、いわば書面力が身についていきます。

　日ごろから次のような点に気をつけて、読み手が「一生懸命に作ってくれたね」とうなるような書面を書けるよう取り組んでみてください。こうして身についた書面力は、今後ずっとあなたを助けてくれます。

・伝えなければならない核心部分を明確に意識する。
・核心部分を的確に伝えるための書面全体の構造をイメージする。
・全ての文章が核心部分に向かって進むように意識する。
・一つ一つの文章を、主語、述語、目的語を意識しながら書く。
・あえて時間を置いてから読み直してみる。
・分かりやすい他人の書面を読んで分析してみる。

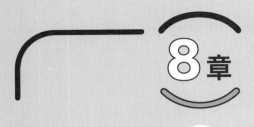

8章

⚡「裁判で争いたい」にヒヤリ！⚡

行政訴訟の
しくみと方法

　訴訟は、審査請求と比べて更に専門性が高いため、裁判官や弁護士のリードに沿って事務を進めます。しかし、そのことは、職員は何も知らない、何もしないで良いということではありません。

　ここでは、訴訟の事務を担当することとなった場合に最低限知っておきたい知識を確認していきます。訴訟に関する基本的な知識は、裁判所が関与するその他の紛争解決手続（調停など）の理解も助けてくれます。

まずはその種類から

法的トラブルの最難関 「訴訟」

❗ 審査請求と訴訟

訴訟は、審査請求と同じく、公的な機関が紛争を法的に解決する手続です。審査請求と比べて弁護士が中心となって対応する機会が多いという特色がありますが、関係法令の確認や事実の洗い出しなど、所管課の職員がやるべきことは基本的に共通しています。

❗ 訴訟の種類

訴訟は、対象となる法律関係に応じて、大きく**民事訴訟、刑事訴訟、行政訴訟**の3つに分類されます。それぞれ、民事訴訟法、刑事訴訟法、行政事件訴訟法に沿って手続が行われます。

《 1. 民事訴訟 》

私人間の権利・義務に関する紛争の解決を目的とした訴訟で、土地所有権（土地の返却を求める権利）、貸金返還請求権（貸した金の返却を求める権利）、慰謝料請求権（精神的苦痛の賠償を求める権利）の存否を争う訴訟などが挙げられます。自治体が当事者となる訴訟であっても、上に挙げたような権利関係を争うものは、民事訴訟の扱いとなります。

また、いわゆる国家賠償請求訴訟（8-7、8-8参照）は、一見「民事」とはかけ離れた印象がありますが、賠償請求権の存否を争うという点で、訴訟の種類としては民事訴訟に分類されます。

《2.刑事訴訟》

　犯罪事件の被疑者に科すべき刑罰について判断する訴訟です。「私人 vs. 私人」の民事訴訟と異なり、「被告人 vs. 検察官」の構図で争われます。刑事訴訟を起訴する権限は検察官にあり、自治体は、告訴や告発によって国の処罰を求めることで捜査を促すことができるにとどまります。なお、自治体や長が被告人になった数少ない例としては、市長が水道法違反の罪に問われた武蔵野市長給水拒否事件があります（最高裁平成元年11月8日決定）。

《3.行政訴訟》

　公法関係の事件を解決するための訴訟を言います。審査請求と異なり、行政訴訟では不当な行為を質すことはできませんが、代表的なものとしては、審査請求の裁決に不服がある者が処分の取消しを求めて提起する訴訟が挙げられます。このほか、住民が自治体の財務の適正を確保し、住民全体の利益を保護するために提起するものとして、**住民訴訟**があります（⑧-**5** 参照）。

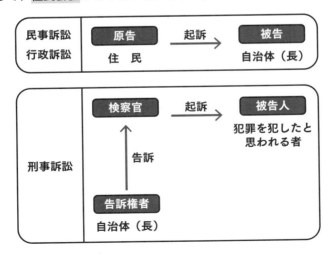

8-2 訴訟の予兆のポイント

❗ 訴訟の予兆

本項からは、主に民事訴訟と行政訴訟について紹介します。

自治体が訴えられる場合、ある日突然、訴状が届くこともあれば、次のような「予兆」が見られることもあります。

- ・訴訟の起こし方について問い合わせがあった。
- ・審査請求で請求人に棄却又は却下の裁決が下された。
- ・処分等に不満のある住民から情報公開請求が行われた。
- ・住民の代理人の弁護士から内容証明郵便が送付された。

国民には裁判を受ける権利が保障されているので（憲法32条）、このような予兆があったとしても、職員から「裁判を起こさないでください」などと説得することは適切ではありません。訴状が届く日に備え、根拠法令の確認や事実の洗い出しの作業を粛々と進めておきましょう。

❗ 「訴えたい」「訴えてやる」と言われたら

〔 1.「訴えたい」と言われたら 〕

訴えを提起するには、訴状を作成して裁判所に提出しなければなりません。その事務は裁判所が所管しているので、もし、みなさんの職場に、住民から「市を訴えたいのだが、どうしたら良いのか」という問い合わせがあっても、具体的な手続を説明する必要はあり

ません。「私どもでは分かりかねますので、裁判所か、弁護士など
の専門家にご相談ください」と対応して、自治体の市民相談窓口や
地域の弁護士会の相談窓口の連絡先等を伝えましょう。

2.「訴えてやる」と言われたら

あなたが苦情や相談に真摯に対応したにもかかわらず、相手から
「訴えてやる」と言われてしまったら、そのときには気持ちを切り
替えるしかありません。とはいえ、いきなり喧嘩腰になれというこ
とではありません。

例えば、資料の提供を求められた場合には、その資料が裁判で証
拠として扱われる可能性があることを踏まえ、情報公開請求の利用
を促すといった慎重な対応が必要となります。

なお、自治体が原告となって訴える場合については、**8-6**で説
明します。

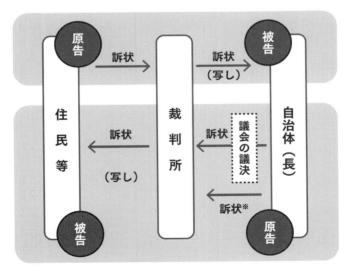

※は専決処分の場合。**8-6**で解説。

8-3 訴状が届いたら

❗ 訴状の送達と長への報告

　自治体が訴えられるケースでは、裁判所から**訴状の写し**と**口頭弁論期日呼出状及び答弁書催告状**が送付（**送達**）されてくるところから訴訟対応の事務が始まります。

　訴状には、おおまかに次の項目が記載されています。

①裁判所	原則としてこの裁判所で口頭弁論などが行われます。
②原　告	この訴訟を提起した者が表示されます。
③被　告	自治体と代表する者（市長など）が表示されます。
④請求の趣旨	「被告は原告に100万円を払え」といった具体的な請求の内容が表示されます。
⑤請求の原因	原告が訴えの提起に至った理由等が表示されます。

　重要なのは②④⑤です。原告は何者で、自治体とどんな関係にあって、何を原因として何を求めているのかを整理し、まずは訴えの提起があったことを長に報告します。

❗ 訴訟委任契約と指定代理人の指定

　次に、訴訟事務を担当する訴訟代理人（弁護士）と指定代理人（職員）を選任しなければいけません。

　弁護士に訴訟事務を委任することを**訴訟委任**と言います。自治体の顧問弁護士であっても、顧問契約に訴訟の委任に関する条項がな

ければ、あらためて訴訟委任契約を締結しなければなりません。

指定代理人とは、長の代理人として訴訟事務を担当する職員を言います。一般に所管課の職員や法務部門の職員が指定されます。事案によっては弁護士に委任せず、指定代理人だけで訴訟に対応することもあります。あなたが指定代理人として法廷に立つ可能性も十分にあるのです。

❗ 答弁書の作成

被告が主張をするため裁判所に提出する最初の書面を**答弁書**と言います（2回目以降に提出する書面は「準備書面」と言います）。主に原告の請求の趣旨と請求の原因に応答する内容を記載します。

答弁書と準備書面は、審査請求における弁明書に相当します。徹底した事実の洗い出しと整理をした上で作成する必要があります。

❨ 答弁書の構成の例 ❩

原告の主張（訴状）	被告の主張（答弁書）
1　請求の趣旨 　被告は原告に100万円を支払え。 **2　請求の原因** 　原告は被告に○○という条件で100万円を貸し付けたが、被告は返済しない。 →	**1　請求の趣旨に対する答弁** 　原告の請求を棄却するよう求める。 **2　請求の原因に対する認否** 　(1)　「○○という条件」は認める。 　(2)　「100万円貸し付けた」は認める。 　(3)　「返済しない」は争う。 **3　抗弁する事実** 　被告は原告に、50万円は弁済した。 **4　結論** 　原告の請求には理由がない。

8-4 訴訟の進み方

❗ 訴訟の審理

　訴訟は、おおまかに、①当事者が主張し、②争点を絞り込み、③証拠を調べ、④判決を下すという流れで進められます。

❰ 1. 当事者の主張 ❱

　原告と被告が法廷に出頭してそれぞれの主張を述べることを、**口頭弁論**と言います。ただ、実際に法廷で喋るのではなく、あらかじめ**準備書面**を裁判所と相手方に提出しておき、法廷では「準備書面のとおり主張します」と発言することによって「法廷で述べたことにする」というやり方が行われています。

　また、主張を裏付ける資料（証拠）がある場合には、その内容を説明する書面（証拠説明書）とともに提出します。

❰ 2. 争点の絞り込み ❱

　原告と被告の主張だけでは訴訟が決着する争点がはっきりしないときに、争点と証拠を絞り込む作業が行われることがあります。これを**争点及び証拠の整理手続**と言います。

❰ 3. 証拠の吟味 ❱

　争点が絞り込まれると、証拠を調べる手続が行われます。これを**証拠調べ手続**と言います。関係書類の内容を確認する作業や、関係者を呼び出し事実を問い質す手続（証人尋問）などが行われます。

❰ 4. 判決の言渡し ❱

　裁判長は、十分な審理が行われたと判断すると、期日を決めて判

決を言い渡します。判決言渡しは「被告は原告に対し○○円の金員を支払え」とか「原告の請求を棄却する」といった主文が読み上げられ、早ければ十数秒で終わります。判決文は後日送付されますが、言渡しの期日に出頭すれば、書記官室で直接受け取れます。

《 5. 上訴と判決の確定 》

　判決に不服のある当事者は、さらに争うため**上訴**（上級の裁判所への申立て。控訴、上告など）をすることができます。両当事者が上訴せず、あるいは、上訴が尽きたときには判決が確定し、裁判所と当事者を拘束する効力（**既判力**）が発生します。既判力によって、紛争が実質的に解決されることになります。

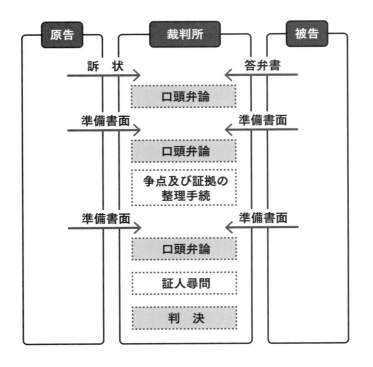

8-5 応用編、だけど身近な 「住民監査請求」と 「住民訴訟」

❗ 自治体の財務を監視

　審査請求と行政訴訟の応用編として、住民監査請求と住民訴訟について説明します。

　住民監査請求は、自治体の監査委員に対して財務に関する監査を求める制度を言います。一方、住民訴訟は、住民監査請求の結果に不服があるときなど、一定の条件の場合に裁判所に対して訴訟を提起できる制度を言います。この2つの制度は、住民に自治体の財務を監視する権限を認めたもので、審査請求や他の訴訟と比べて、自治体の財務を扱う点に特化して手続が整備されている点に特徴があります。

《 1. 住民監査請求 》

　監査委員に対し、執行機関・職員の違法・不当な財務会計行為又は怠る事実について監査し、長などに必要な勧告等を行うように求める請求を言います（地方自治法242条）。

　審査請求と比べると、次のような特徴があります。

①住民（自然人・法人）であれば、自己に対する処分の有無を問わず誰でも請求できる。
②自治体の財務会計行為に関する請求に限定されている。
③請求先が自治体の監査委員に限定されている（例えば、市長に対して直接に公金の返還を請求することはできない）。

　請求の対象となる財務会計行為は、次のものに限られます。

①公金の支出　　　　　②財産の取得、管理、処分

③契約の締結、履行　　④公金の賦課徴収を怠る事実

⑤財産の管理を怠る事実

　多くの自治体では、ウェブサイトで住民監査請求の事案と結果を公表しています。「事業者への補助金の支出は不当なので、知事は返還を求めるべき」とか「議員の政務活動費が違法に使われたので、市長は返還を求めるべき」といった事案が多いようです。

《2.住民訴訟》

　住民監査請求の請求人は、次の場合に自治体に対し**住民訴訟**を提起することができます（地方自治法242条の2）。

①60日の監査期間内に監査または勧告が行われない場合

②監査結果に不服がある場合

③勧告に示された措置が行われない場合

④勧告に示された措置に不服がある場合

　住民監査請求が違法・不当な財務会計行為を質す制度であるのに対し、住民訴訟は違法な財務会計行為を質す制度とされています。住民訴訟では「不当性」を争うことができない点は、審査請求と行政訴訟の関係と同様です。しかし、住民訴訟は、必ず住民監査請求を前置しなければ提起できません。この点では、前置が必要な場合とそうでない場合がある審査請求と異なります。

　近年、市長の専決処分による補助金の支出が違法であるとして住民訴訟が提起され、これに敗訴した市が、退任後のその市長に対し、違法な補助金を支出したとして約2300万円にも上る損害賠償を請求するという一連の事件があり、話題になりました。

8-6 自治体の「訴えてやる!」はどんなとき?

❗ 自治体から訴えを起こすときとは

　自治体や自治体の長は、訴えることよりも訴えられることの方がはるかに多いです。しかし、時にはこちらから賠償を求めたり処罰を求めたりしなければならないこともあります。

　自治体がこうしたアクションを起こすには、個人や会社が訴訟を起こすよりもはるかに大きな社会的インパクトがあります。自治体の事務の執行として適正か、住民の納得を得られるのかなどを総合的に検討して決断する必要があります。

《 1. 民事事件、行政事件の場合 》

　民事事件と行政事件は、自治体が裁判所に訴状を提出することで訴えを提起することができます。

　自治体が当事者となる訴えの提起には、原則として**議会の議決**が必要です（地方自治法96条1項12号。条文上、取消訴訟は除外されている外、8-2の図の※印で示したように、専決処分により議会の議決を経ずに訴えを提起する場合もあります）。まずは議会の理解を得ることが、訴えの提起がとおる最初の関門になります。

　逆に、訴えられて訴訟に応じること（応訴）については、議決は要件となっていません。ただし、応訴した事件で敗訴し、上級の裁判所でさらに争うために上訴する場合には、あらためて議決が必要と解されています。

《2. 刑事事件の場合》

　刑事訴訟を提起することを**公訴提起**と言い、その権限は検察官に専属します（刑事訴訟法247条）。自治体としては告訴または告発により、捜査、公訴提起、犯人の処罰を求めていきます。

　告訴と**告発**は、いずれも犯人の処罰を求めて捜査機関や検察官に犯罪事実を申告することを言います。両者は、捜査機関に捜査を開始する義務が生じる点で共通しますが、前者が原則として被害者かその法定代理人にのみ認められ、後者が「犯罪が行われた」と思う者は誰でもできるという点で異なります（同法230条、231条、239条1項参照）。

　犯罪事実を申告する方法としては、ほかに**被害届**があります。告訴・告発と異なり、犯人の処罰を求める意向が含まれない（必ずしも捜査を開始する義務が生じない）点が特徴です。

　いずれの方法が適切かは、ケースバイケースです。事前に地域の警察署と協議して対応することとなります。なお、告訴・告発、被害届の提出に議会の議決は必要ありません。

(1)　**自治体が告訴をする例**
　　・自治体が委託先から詐欺の被害を受けたとき
　　・職員が自治体の財産を盗んだとき

(2)　**自治体が告発をする例**
　　・自治体が条例に基づき住民等に刑罰を科そうとするとき
　　・職員が職務において犯罪の事実を知ったとき※

※　公務員には、職務において犯罪の事実を知ったときには告発する義務が課されています（刑事訴訟法239条2項）。ただし、この義務は「絶対」ではなく、一定の裁量（判断の余地）があると考えられています。

8-7 自治体も支払う国家賠償制度

！ 国家賠償制度とは

自治体に損害の賠償を求める法的根拠には、次のものがあります。

①国家賠償請求（国家賠償法1条）
②国家賠償請求（国家賠償法2条）
③不法行為に基づく賠償請求（民法709条、715条）

国家賠償には「国家」と付いていますが、自治体の責任に関する請求もこの制度に含まれます。一般に、自治体から受けた被害のうち①か②に当たる部分は国家賠償を根拠とし、①②に当たらない部分は③の不法行為を根拠として請求がされます。

国家賠償の2つの責任を見ていきましょう。

1. 公権力の行使に当る賠償責任（国家賠償法1条）

公務員が、職務上、故意又は過失によって他人に損害を加えたときは、国又は自治体が賠償責任を負うとするものです。

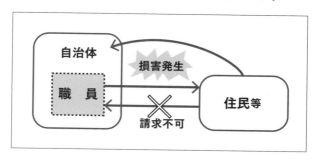

《 2 . 公の営造物の設置・管理に係る賠償責任（国家賠償法 2 条）》

　公の営造物（道路、河川、庁舎など）の設置又は管理の瑕疵（通常有すべき安全性が欠けていること）が原因で損害が生じたときは、国又は自治体が賠償責任を負うとするものです。

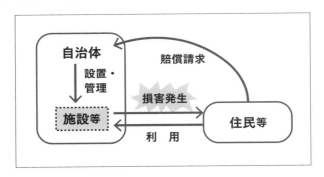

❗ 予見可能性と回避可能性

　台風や地震などの自然災害で住民が被害を受けたケースで、住民が国や自治体に国家賠償法に基づいて損害賠償を求めることがあります。こうした事案では、災害による結果の発生を予見することができたのか（**予見可能性**）、回避することができたのか（**回避可能性**）が争点になります。国家賠償とはいえ、結果の発生が予見することも回避することもできなかったのであれば、国又は自治体の責任は否定されます。

　予見可能性や回避可能性は、自動車事故や施設事故でも問題となります。施設の破損箇所を補修しておくなど、安全確保のために予見し回避できることは、あらかじめ対策を講じておかないと、いざ事故が発生したときに、事故による損害の賠償責任を自治体が負うことになってしまいます。

8-8 災害発生時の賠償責任

！ 結果を予見できたのか、回避できたのか

　災害によって損害が発生すると、国や自治体の施設管理や住民への周知徹底、対応が適切であったのかなどが問題になり、訴訟等では、前項で紹介した予見可能性と回避可能性の有無が争われる例が少なくありません。

　本項では、大規模な災害により多数の被害者が出た事件において、国又は自治体の予見可能性と回避可能性が争点となった国家賠償請求事件を2件紹介します。

【 1. 大川小学校津波訴訟 】

　平成23年3月11日、東日本大震災の津波により、公立小学校の児童・教職員合わせて84人が死亡・行方不明となる事故が発生しました。死亡した児童の遺族は、教員等に過失があったとして、自治体に対して損害賠償を求める訴訟を提起しました。

　自治体は、被害に遭った小学校はハザードマップの浸水想定区域に含まれていなかったので、事故を予測することはできなかったと主張しました。しかし裁判所は、ハザードマップには誤差があり、学校長は高い知識と経験をもって危機管理マニュアルを充実すべきであったとして過失を認め、安全確保義務の違反を理由として、自治体に国家賠償法1条1項等に基づく損害賠償責任を認めました（最高裁令和元年10月10日決定、仙台高裁平成30年4月26日判決）。

この判決・決定は、自治体の事前の防災活動に重い責任を認めたものとして、関係者に大きな衝撃を与えました。自然災害が発生するおそれのある地域の自治体には、災害対応の危機管理マニュアルを適切に作成するだけでなく、災害予測の不断の検証と見直し、住民への周知、地域との連携など、より厳重に事前の対策に努めることが求められています（学校保健安全法29条参照）。

❨2. 飛騨川バス死亡事故訴訟❩

昭和43年8月18日、異例の集中豪雨によって国道上で足止めされた2台のバスが土石流に押し流されて川に転落し、乗員・乗客合わせて104人が死亡する事故が発生しました。被害者の遺族は、道路の管理に瑕疵があったとして、道路の管理者である国に対し損害賠償を求める訴訟を提起しました。

国は、道路に瑕疵はなく、事故は不可抗力によって生じたものと主張しました。しかし裁判所は、災害をもたらす自然現象が発生する蓋然性があれば、これを予測することは可能であるとした上で、土石流を回避するための措置は当時の科学的水準からすると困難であったとしても、道路の危険区間への侵入を禁止する等の措置により事故を回避すべきであったとして道路の管理に関する瑕疵を認め、国に国家賠償法2条1項に基づく損害賠償責任を認めました（名古屋高裁昭和49年11月20日判決）。

この判決は、道路管理に防災の観点を取り入れ、自然災害の発生の蓋然性があれば、災害を予測して事故を回避するための措置を講じる責任を認めたものとして、その後の道路管理行政に大きな影響を与えました。

8-9 話し合いによる解決 ＝調停

❗ 訴訟と調停のちがい

　訴訟は、強力な紛争解決手段ですが、そう気軽に利用できるものではありません。そこで、より簡便に利用できる手続として、裁判所には、調停、支払督促、少額訴訟、即決和解といったツールも用意されています。本項では、「**調停**」について紹介します。

　調停は、紛争の当事者の間に調停委員（弁護士、公認会計士等の有識者が裁判所から任命される）と裁判官が入り、話し合いにより紛争の解決を目指す手続です。金銭や不動産などの権利に関する紛争を扱う「民事調停」と、家族関係や相続関係の紛争などを扱う「家事調停」に分かれます。自治体では、主に民事調停が利用されています。

　訴訟と調停の相違点としては、次のようなものがあります。

①訴訟は、判決の拘束力で事件を解決するが、調停は、両当事者の話し合いの結果に拘束力をもたせることで事件を解決する。
②訴訟では、裁判官が直接訴訟を指揮するが、調停では、主に調停委員が当事者の話し合いを仲介する。
③訴訟は公開の法廷で行われるが、調停は、非公開の場でプライバシーに配慮して行われる。
④調停は、訴訟と比べて早期の解決が期待できるとともに、費用（裁判所に支払う印紙代、切手代）の額が少なくて済む。

　話し合いは、両当事者が対面して行うほか、調停委員が両当事者

と交互に話すことで直接対面せずに進めることもあります。

！ 調停の成立と議会の議決

調停は、**話し合いで解決できる事案**に利用されます。調停を申し立てる際や調停に応じる際には、根拠法令、経緯等を確認し、話し合いの余地があるのかどうかを見極める必要があります。調停で解決できる事案の例は次のとおりです。

- ・自治体と事業者との間の売買代金の支払いに関する紛争。
- ・公の施設での事故により生じた賠償責任に関する紛争。
- ・公営住宅の使用料の滞納分の支払い方法に関する紛争。

話し合いの結果、両当事者が合意に達した場合には、**調停調書**が作られます。調停調書には判決と同様の拘束力があるので、その内容の違反があった場合には、裁判所の助力によって調書の内容を強制的に実現することができます（強制執行等）。

合意に達しなかった場合には原則、調停不成立として手続は終了しますが、裁判所の判断で**調停に代わる決定**がされることがあります。この決定に両当事者が納得すれば調停成立となり、納得しなければ決定は効力を失います。いずれにしろ、調停が不成立となった場合には、あらためて訴訟の場で決着をつけることになります。

なお、自治体から調停を申し立てる場合には、事前に議会の議決が必要となります（地方自治法96条1項12号。⑧-**6** 参照）。

話し合いが合意に達し、調停が成立する場合にも、原則として議決が必要となります。申立ての際に議決を得ていて、その内容と調停の内容が一致するのであれば、議決を不要とする余地もありますが、そのような例は、実際には稀でしょう。

裁判所に行ってみよう

　裁判に関わる仕事をしない限り、当事者として法廷に出る機会など一生のうちに一度あるかないか、という人が世の中の大半です。その点では、指定代理人に指名されて法廷に出頭する機会があったとしたら、貴重な経験になるかもしれません。裁判所はどんなところなのか、民事訴訟の第一審に指定代理人が出頭する場合になぞらえて見てみましょう。

　裁判所に到着すると、入口で持ち物検査を受けます（行っていない裁判所もあります）。空港の保安検査場のイメージです。

　検査後は、あらかじめ指定された法廷に向かいます。法廷の入り口に貼り出された予定表で事件名を確認して法廷に入ります。前の事件の審理中でも傍聴席に入ることはできます。

　法廷では、裁判所事務官が出頭者を確認します。所定の用紙にあなたと同行した職員や弁護士の氏名を記入します。

　傍聴席から見て、左が原告席で右が被告席になります。弁護士と同席する場合、裁判官席から見て、手前から顧問弁護士、上席の職員、担当者といった並びで着席する自治体が多いようです。

　裁判官が入廷したら、立ち上がって一礼をします。全員が着席し、書記官が事件名を読み上げると口頭弁論が始まります。

　通常、当事者の主張はあらかじめ準備書面で提出済みなので、口頭弁論での発言は、審理の進め方に関するものが中心となります。早ければ数分で終わってしまうので、聞き逃さないように集中して、しっかりメモをとらなければいけません。

　裁判官が閉廷を宣言すると期日は終わりです。特に書記官室に呼ばれたりしない限り、そのまま帰りましょう。

　おつかれさまでした。

9章

⚡『ヒヤリ！』に慌てる前に⚡

法的トラブル克服の
4原則

　ここまで、法的トラブルの克服法について、事案ごとの予防と解決という側面から見てきましたが、何となくその基礎にある心構えや勉強法には共通点があるような気がしてきませんか？

　本書の最後は、全ての法的トラブル克服の基礎となる心構えと勉強法をまとめてみました。あくまで筆者の経験から導いたものばかりなので、ここに書いたことにとどまらず、あなた自身で工夫して、より効率よく、長く続けられる方法を見つけてください。そうして身につけた心構えと勉強法は、日々の業務やプライベートでもあなたを高めていくことに役立つはずです。

⑨-1 不安を克服する心構え

❗ 法的トラブルに巻き込まれたらどうしよう

　法的トラブルは、職員と自治体、地域にとって脅威です。「もし自分が原因でトラブルになったら」「巻き込まれてしまったら」と考え始めると、不安で仕事が手につかなくなってしまいます。

　私たちは、日ごろからどんな心構えで日常業務に向き合えばよいのでしょうか。筆者なりに整理した、法的トラブルを克服する3つの心構えを紹介します。

〔1．正しく恐れる〕

　本書で紹介した事例は、ほとんどが実際に発生した事案に関するものであり、また、筆者が何らかの形で関与した事案ばかりです。つまり、どれも実際に起こり得る事案なのです。

　「もし発生したら怖いけど、きっと発生しない」とか、「発生するだろうけど、私は大丈夫」などという意識は、あなたの足元をすくう油断につながりかねません。法的トラブルはいつ発生してもおかしくないことを認識し、正しく恐れ、準備を怠らないことが大事です。

〔2．自信を持つ〕

　「恐れる」ことと矛盾するようですが、恐れるあまり仕事が及び腰になってしまってはいけません。本来期待される成果が挙がらないばかりか、かえって住民対応が不十分になり、別の法的トラブルを呼び込んでしまうかもしれません。みなさんが思うよりも自治体

は強固な組織ですし、職員の立場は法令によって強力に守られています。全国で起きた様々な事案への対処法の蓄積もあります。あなたと自治体には、法的トラブルを解決する十分な力があることを信じて、日々の業務と法的トラブルに向き合ってください。

3. 半歩先を予測してみる

リスク管理の能力を上げるには、想像力を鍛えると良いです。「これを放置すると、こういう問題が起きるかもしれない」「住民からこういう指摘を受けるかもしれない」と**半歩先を予測し、先回りして手を打つこと**が、法的トラブルを回避し、ダメージを最小限に抑えてくれます。こうした能力は、次のような心掛けで向上します。

①**できるだけたくさんの事例を調べてみる**

→類似の事件を察知する勘が鍛えられます。

②**相手の立場で考えてみる**

→住民の気持ちになってみると、予測しやすくなります。

③**事案を多角的に検討してみる**

→お金の問題、自治体内部の組織的な問題、職員倫理の問題、社会的な要因に帰する問題などといった側面から事件を見つめてみましょう。

④**事件の展開を悪い方向に予想する**

→悪い結果を想像することで、それを回避する方法を考えることができます。

ものごとを悲観的に見すぎることは、精神衛生上、あまり良くはありませんが、法的対応への油断や隙をなくすためのシミュレーションとして活用してみましょう。

法的トラブル克服法(2)

⑨-2 日々の学びで 強化・向上

❗ 「知的体力」を強化しよう

　法的トラブルを克服するには、日々の学びによる「知的体力」の向上が欠かせません。こんなことを書くと、「やっと社会人になったのに、また勉強か……」と言われてしまいそうですが、**自治体職員にとって勉強は仕事の一環です**。「勉強して給料をもらえるなんてラッキー」と割り切ってしまいましょう。

《 1. 何はともあれ、基本を押さえる 》

　学ぶべき基本は多々ありますが、法的トラブルとの関係では、「職員の基本」と「業務の基本」が特に重要です。基本となる「そもそも」に立ち返って対処することが法的トラブル克服のスタートであり、ゴールでもあります。新たに業務を担当するときだけでなく、折に触れて次の点を確実に押さえておきましょう。

〇**職員の基本**

　・自治体職員としてどんな責任を負っているのか。

　・やらなければいけないこと、やってはいけないことはしっかりと理解できているか、実践できているか。

〇**業務の基本**

　・業務の根拠と趣旨はどこにあるのか。

　・住民からの問い合わせ、疑問、不満に端的に応えられるか。

　・判断に迷ったときに拠るべき価値はどこにあるのか。

《2.自分の自治体をよく知る》

本書では「あなたの自治体ではどうなっているか、確認しておきましょう」と繰り返し呼びかけてきました。自治体の条例、規則、基準、指針、マニュアル、過去にあった事件の経緯・結果などは、あなたの自治体を法的トラブルから守るために整備されてきた防具であり、武器でもあります。日々これらに親しみ、いざというときに活用しない手はありません。

また、こうした自治体のルールを身につけることで、他の職員と同じ理解のもと、仕事をすることができるようになります。ここが「やるべきことは必ずやる」「やってはいけないことは絶対にやらない」(「はじめに」、1-3)のスタートになります。

《3.とりあえず調べてみる》

日ごろから気になったらすぐに調べてみる習慣をつけましょう。自然と調べ方のスキル(参考書の読み方、類似事例の探し方、インターネット検索の活用法など)や知識が身につき、あなたの知的体力を向上させてくれます。

調べる際には、徹底的にできればそれに越したことはありませんが、実際は時間も限られておりなかなかそうも行きません。よく似た事例を参考にしたり信用できる資料から方策を借用したりすることで、「おおよその当たりをつける」技を身につけるとさらに良いです。

また、法的トラブルに直面したときは、不用意に即断せず、一呼吸置いて関係する条文、先例、参考書を確認する習慣もつけておきましょう。聞きかじりの情報やあいまいな知識で即断してしまうと、後で思わぬ大けがをしてしまう危険性があります。特に、インターネット検索から得られた情報は、出どころの信頼性(発信者は誰か、裏付けはあるのかなど)に注意が必要です。

調べる力が あなたを救う

❗ 調べ上手になろう

「とりあえず調べる」と言っても、やみくもに参考書をひっくり返したり、検索したりすれば良いというものではありません。

職場では、いざというときに的確に情報を集める能力はもちろんのこと、**日常的な調べものを手早く簡潔にまとめることができる能力**が重宝されます。そんな「調べ上手」になるために、条文と先例、参考書の調べ方のコツを見ていきましょう。

【1. 参考書との付き合い方】

よほど独自の施策でない限り、その業務について多くの自治体で利用される参考書があります。あなたの職場にそういった参考書が置いてあるか、最新版かを確認し(最新版を買ってもらいましょう)、できれば一度全体に目を通してみましょう。

分厚い書籍であれば、目次や見出しを追ってみるだけでも効果があります。目次と索引をコピーして手元に置いておくのも一案です。よく参照するページに自分用の印をつけた付せんを貼るなど、引きやすさも工夫してみましょう。

大切なのは使い慣れることです。疑問や問題が発生しなくとも、日ごろから確認のため、パラパラめくる習慣を付けると良いでしょう。

【2. 先例を参考とする】

自治体職員が参考とすべき先例は、行政実例と裁判例です。

行政実例とは、行政機関間（県と国、県と市など）でやり取りされた疑義の照会とその回答のうち、公にされたものを言います。自治体を拘束するものではありませんが、実際の自治体運営で広く参考とされているので、法令の解釈等で疑義が生じたら、まずは行政実例を調べてみましょう。行政実例集のほか六法や参考書で「○○は○○とする（行実昭44.8.8）」といった書き方で紹介されています。

　裁判例には、大きく分けて下級審（地裁、高裁など）が下した裁判例と最高裁が下した**判例**の2種類があります。先例としての拘束力があるのは判例です。同様の事案で下級審の裁判例と判例の両方があった場合、参考とすべきは判例です。

　ただし、裁判例は、あくまで「その」事案に対する判断なので、「**他の事案にも通用する基本的な考え方が示されている部分**」と「**その事案の特殊性について判断した部分**」があることを意識して読み分けるようにしましょう。

　裁判例は、最高裁判所のウェブサイトのほか、自治体の例規集のデータベースに合わせて掲載されていることもあります。

3. 達人に聞く

　私たちがいくら勉強しても、あらゆる分野の知識を網羅することはできません。また、事件は私たちが調べものをしている時間を待ってくれません。

　そんなときに頼りになるのは、どの分野にも一人はいる、「その道の達人」とでも言うべきベテラン職員です。ただし、下調べもせずぶしつけに質問を投げかけるのは、マナーに反します。下調べをし、事件・事故についてしっかり整理した上で助言を求めましょう。そうすることで、事件の解決策により早く近づけるはずです。

⑨-4 法令との上手な付き合い方

❗ 法令の読み方

法的トラブルは法に基づいて処理されるので（1-1参照）、その解決には、法令の規定（法文）を知っていることや読めること、理解できることが不可欠です。いずれも簡単なことではありませんが、ちょっとした工夫で法令はぐっと身近になります。コツコツと身につけ、長い目で法令と付き合っていきましょう。

【1. 体系を知る】

日本の法令は日本国憲法を頂点とした体系で構成され、この中にあらゆる制度が位置付けられています。例えば、議会制度を例にとると、右の図のような体系で表すことができます。このような体系を頭に入れておくと、問題や課題に対して、制度の趣旨や根拠に遡った対処をすることができるようになります。

【2. 条文の構成を知る】

条文は、制度が最も適切に運用されるよう配慮して並べられているので、条文の構成を理解すると制度への理解が深まります。条文の構成は、次の点に注意すると理解しやすくなります。

- 目次がある法令は、目次を読んで全体の構成を理解する。
- 目次がない法令は、見出しを抜き出して整理してみる。
- その条文を含む最小単位のまとまり（章、節）ごとに読んでみる。

【3.まめに読んでみる（慣れる！）】

　法文が持つ独特の雰囲気と読み方のルールを身につけるには、読み慣れるのが一番の近道です。とはいうものの、ただ読むだけでは、慣れる前に読み疲れてイヤになってしまうので、次のような工夫をしつつ、少しずつ慣れていきましょう。

・主語、述語、目的語を意識して読む。
・括弧書きが挿入されている条文は、括弧を飛ばして読むことで大枠を理解する。
・逐条解説が出版されている法令は、逐条解説と併せて読む。

　なお、法文の読み方には、「及び・並びに」の使い分けのような独特のルールがあります。法文を正確に理解するには、このルールに従って読まなければなりません。法文に慣れてきたら、こうしたルールも勉強してみてください。

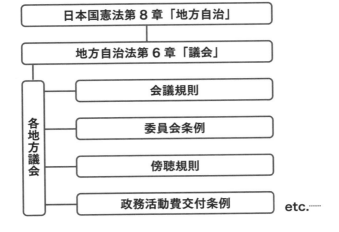

日本国憲法第8章「地方自治」

地方自治法第6章「議会」

各地方議会

会議規則

委員会条例

傍聴規則

政務活動費交付条例　　etc.……

自主的研究会で仲間作り

　私たちが苦労して調べた結果を、同じ悩みを持つ他の自治体の職員と共有できたら、とても有意義です。こうしたニーズに応えてくれるものには、公式なものとしては、行政実例や裁判例があります。

　また、日常的な業務の悩みを共有するしくみもあります。多くの業務について、近隣自治体の部署同士で協議会が組まれています。「この件についてお隣の市はどう対処しているか」の情報は、協議会のつながりを利用して集めるのが便利です。

　自治体同士や部署同士ではなく、職員同士のつながりで活動する自主的な研究会もあります。数名で勉強をする小規模なものから、研究者や弁護士も会員に名を連ねる大規模なものまで、いろいろあります。こうした研究会に参加すると、最新の情報、取組み、解決のヒントが得られるだけでなく、研究や発表を通して知的体力の向上と仕事のモチベーションアップにもつながります。

　研究会というと敷居が高そうに思えるかもしれませんが、むしろ多くの研究会は、若手職員の参加を求めています。社会変化の流れが早い昨今、課題解決のためには、最前線で頑張る若手職員の問題意識、発想、提案が不可欠だからです。

　どの自治体にも、こうした活動に熱心な職員がいます。そんな職員を探し出して研究会について聞いてみてください。そして、機会があれば、一度参加してみることをお勧めします。

　もしかすると、みなさんとどこかの研究会で会えるかもしれません。今からとても楽しみです。

おわりに

　本書では、自治体で起きる様々な事件・事故を「法的トラブル」として、筆者の限られた経験の中から、その克服法のいくつかを紹介してきました。

　しかし、私たち公務員の立場や私たちが担当する業務は全て法令に基づいているので、私たちが職員として遭遇する事件・事故は、わざわざ「法的」などと言うまでもなく、そのほとんどが法的なトラブルなのです。

　それにもかかわらず筆者があえてこの表現を使ったのは、私たちは日々の業務に追われ、慣れていくにつれて、ついつい法令の趣旨や根拠をおろそかにしがちだからです。

　自治体の最前線で活躍するみなさんには、自分の身分や業務が法令に基づいていることを忘れることなく日々の業務に向き合い、事件・事故が発生したときには、根拠となる法令に立ち返って対処して欲しいです。そうすれば自ずとしかるべき解決の道筋が見えてくるはずだと確信しています。

　そのためのきっかけとして、本書が少しでも役に立つことができれば、筆者としてこれ以上にうれしいことはありません。

　最後に、2年にわたる本書の執筆の間、根気よく筆者を叱咤してくださった学陽書房の松倉めぐみさまと編集部の皆様に、この場をお借りして感謝申し上げます。ありがとうございました。

著者紹介

【米津　孝成（よねづ　たかのり）】
市川市議会事務局議事課主幹。学習院大学法学部卒。議会事務局実務研究会会員、かながわ政策法務研究会会員。『疑問をほどいて失敗をなくす 公務員の仕事の授業』（学陽書房／共著）、『自治体訟務イロハのイ』、『自治体法務の事件簿』（いずれも自治体法務 NAVI e-Reiki CLUB）などを執筆。

業務の 「ヒヤリ!」 を解消する!
公務員の法的トラブル予防&対応 BOOK

2021年12月15日　初版発行
2023年 3 月22日　3 刷発行

著　者　米津孝成

発行者　佐久間重嘉

発行所　学 陽 書 房

〒102-0072　東京都千代田区飯田橋1-9-3
営業部／電話　03-3261-1111　FAX　03-5211-3300
編集部／電話　03-3261-1112　FAX　03-5211-3301
http://www.gakuyo.co.jp/

ブックデザイン／スタジオダンク　イラスト／坂木浩子
印刷／精文堂印刷　製本／東京美術紙工